COSAS QUE MI HIJO
NECESITA SABER
SOBRE EL MUNDO

COSAS QUE MI HIJO NECESITA SABER SOBRE EL MUNDO

FREDRIK BACKMAN

HarperCollins *Español*

Los libros de HarperCollins Español pueden ser adquiridos para propósitos
educativos, empresariales o promocionales. Para más información, envíe un correo
electrónico a SPsales@harpercollins.com.

Título original: *Saker min son behöver veta om världen*

Publicado originalmente en Suecia en 2012 por Forum.

PRIMERA EDICIÓN DE HARPERCOLLINS ESPAÑOL

Traducción: Diomedes Rábago

Este libro ha sido debidamente catalogado en la Biblioteca del Congreso de
los Estados Unidos.

ISBN 978-0-06-293068-2

22 23 24 25 26   LSC   10 9 8 7 6 5 4 3 2 1

Hijo: Este libro está dedicado a tu abuela porque ella me enseñó a amar las palabras. Y a ti, por todas esas otras razones.

CONTENIDO

———

A mi hijo:

Quiero pedirte disculpas.

Por todo lo que haré durante más o menos los próximos dieciocho años. Por todo lo que me voy a perder. Por todo lo que no entenderé. Por todos los avisos de reunión de padres que no querrás mostrarme.

Por todas las veces que te avergonzarás de mí. Por todos los campamentos y excursiones a los que me apuntaré como voluntario. Por todas las novias o novios a quienes no querrás invitar a casa para cenar.

Por hacer ese baile mío de «papá tenía razón, mamá no» en presencia de otras personas.

Por la vez en que tu escuela invite a todos los padres a un torneo de *softball* y yo me lo tome demasiado en serio. Por llamar a tu profesor de Matemáticas «¡tonto de remate!».

Por intentar chocar las palmas con tus amigos.

Por llevar pantalones cortos. Por comprar una *miniván*.

Por llegar tarde la primera vez que te inviten a una fiesta de cumpleaños de verdad. Por enfadarme cuando haya filas en el parque de atracciones. Por llamar «compadre» al vendedor de la tienda de patinetas.

Por no entender que prefieras la gimnasia a jugar al fútbol. Por todas las veces que olvide cerrar con llave la puerta del baño: hay imágenes que no se olvidan jamás.

Por las vacaciones. Por el sombrero de vaquero. Por la camiseta de «LOS HOMBRES DE VERDAD PESAN MÁS DE 100 KILOS». Por mi discurso en tu graduación de la escuela secundaria.

Por todas las veces en que me emborrache un poco y vuelva a contar el chiste de los dos irlandeses en un barco. Quiero pedirte muchas, muchas disculpas por todas esas cosas.

Pero cuando más enfadado estés, quiero que recuerdes que para mí siempre serás ese niñito de un año, de pie y desnudo en el pasillo, con su sonrisa desdentada y un leoncito de peluche abrazado contra el pecho.

Cuando me ponga difícil. Cuando me comporte de forma bochornosa, o arbitraria o injusta contigo, quiero que recuerdes bien aquel día.

Aquel día que te negaste a decirme dónde diablos habías escondido las malditas llaves del coche. Entonces quiero que recuerdes que fuiste tú quien lo empezó todo.

Tu papá

LO QUE NECESITAS SABER SOBRE LAS LUCES CON SENSOR EN LOS BAÑOS

Tu papá soy yo. Sé que empiezas a entenderlo. Hasta ahora sólo te has paseado por la vida dejando que los demás hagamos todo el esfuerzo. Pero ya tienes año y medio y, por lo que me dicen, ésa es la edad en la que ya puedes empezar a aprender cosas. A gatear y ese tipo de cosas. Sé que es así, créeme.

Porque quiero que entiendas que todo este asunto de la paternidad no es tan fácil como parece. Hay que llevar la cuenta de un montón de cosas. Bolsas para pañales. Sillitas de coche. Canciones infantiles. Calcetines de recambio. Caca. Sobre todo, caca. Tienes que llevar la cuenta de una enorme cantidad de caca. No es nada personal, puedes preguntárselo a cualquier padre con hijos pequeños. Durante todo el primer año —¡créeme!— tu vida entera gira entorno a la caca.

La presencia de caca. La ausencia de caca. El descubrimiento de caca. El aroma de la caca. La llegada de la caca. En serio, cuando tengas hijos pasarás una buena parte de tu vida esperando a que llegue la caca.

«¿Qué tal si hacemos? ¡Okey! ¿Sí has hecho? ¿Cómo? ¿Qué dijiste? ¿Todavía no? ¿En serio? Okey-okey-okey. Mantén la calma, que no cunda el pánico. ¿Qué hora es? ¿Esperamos a que hagas, o nos vamos ahora con la esperanza de llegar antes de que te la hagas encima? ¡Arriesguémonos! ¡Okey! ¿No? ¿No nos vamos? ¿Que si la haces mientras vamos de camino? Tienes razón. Okey, calla y déjame pensar. Okey, pero si esperamos aquí y no pasa nada... ¿entonces qué? ¿Nos arriesgamos y vamos igualmente? Y si te la haces a medio camino: "¡Hijo de... fruta! Si hubiéramos salido en vez de discutir, ¡¡¡habríamos llegado a tiempo!!!"».

¿Lo entiendes? Así es la vida una vez que has procreado. Tu vida entera gira en torno a la logística de la caca. Empiezas a conversar seriamente sobre caca con desconocidos. Hablas sobre su consistencia, su color, su horario de salida. Caca en los dedos. Caca en la ropa. Caca que se queda pegada entre los azulejos del baño. Empiezas a hablar de la metafísica de la caca, desglosándola a nivel académico. Cuando esos físicos suizos aparecieron en los medios hace un par de años hablando sobre su investigación revolucionaria y el descubrimiento de una «partícula desconocida» capaz de viajar más rápido que la velocidad de la luz y por un momento el mundo entero se preguntó en qué consistiría, todos los padres de niños pequeños se miraron entre ellos y al unísono dijeron: «Caca. Apuesto lo que sea a que es caca».

Lo peor no es la caca en sí. Lo peor es la incertidumbre. Cuando ves esas contracciones en la carita de tu bebé y te dices: «¿Eso qué fue...? ¿Parece que sí, no? ¿Aunque quizás es sólo una mueca? ¿O fue... sólo un pedo? Ay, no, todavía faltan tres horas más en este avión, por favor, ¡dime que sólo fue un pedo!». Ahí es cuando no te queda más remedio que esperar cinco segundos, los cinco segundos más largos de la historia del universo, créeme. En cada uno de esos segundos caben diez mil eternidades y una película francesa. Finalmente, como si fuera una de esas escenas de *Matrix* en las que el tiempo se detiene, el olor llega a tu nariz. Y es como si te golpearan en la cara con un saco de cemento. El camino hasta el baño del avión recuerda al de los esclavos que se dirigían a enfrentarse a los leones en el Coliseo. Créeme, al regresar te sientes como los guerreros que volvían a Roma tras vencer a los bárbaros, pero camino al baño se te conoce por un único nombre: Gladiador.

Cuando seas mayor te contaré sobre tu primera caca. La antigua, eterna y primogénita caca. Aquella que todos los bebés expulsan durante las primeras veinticuatro horas después de nacer. Es completamente negra, como si el Mal mismo la hubiera cagado. No es broma.

Cambiar aquel pañal fue mi Guerra de Vietnam.

Y, claro: te preguntarás a qué viene todo esto. Sólo quiero que entiendas que todo está conectado en esta vida. La caca forma parte del mundo, ¿sabes? Y ahora que los temas del medio ambiente y el desarrollo sostenible son tan importantes, necesitas entender el papel que ocupa la caca en el gran esquema de las cosas. Comprender el impacto que la caca ha tenido en el desarrollo de la tecnología moderna.

Porque, sabes, el mundo no siempre ha sido así. Hubo una

época en la que no había aparatos electrónicos y computadoras. Imagínate: cuando era joven, si veía una película y no recordaba el nombre de un actor, ¡no había ninguna manera de averiguarlo! Tenía que esperar al día siguiente para ir a la biblioteca a buscarlo. Ya lo sé. Horrible. O tenía que llamar a un amigo y preguntarle, y ahora viene lo peor: si no contestaba la llamada después de diez timbres, tenías que colgar y decir: «Bah, no está en casa». No está en c-a-s-a, ¿puedes creerlo?

Era otra época. Pero entonces llegó toda esta tecnología, el internet, los teléfonos móviles, las pantallas táctiles y todas esas bobadas y nos impuso una enorme presión a los nuevos padres, ¿sabes? Las demás generaciones podían simplemente decir que «no lo sabían». Eso hacen nuestros padres. ¿Bebieron vino durante tu lactancia? «Entonces no lo sabíamos». ¿Nos dejaban desayunar bizcochos de canela? «No sabíamos». ¿Nos ponían en el asiento trasero sin cinturón de seguridad? ¿Tomaron una pizca de LSD mientras estaban embarazadas? «Por favor, no sa-bí-a-mos. Eran los años setenta, sabes: ¡en ese entonces el LSD no era peligroso!».

Pero, mi generación sí lo sabe, ¿OKEY? ¡Lo sabemos TODO! Así que, si tu niñez no va bien, seré yo el responsable. Nunca podré argumentar que actué «de buena fe» porque lo pude haber buscado en Google. Debí haberlo hecho. Ay, ¿por qué no lo googleé?

¡Maldita sea!

Simplemente no queremos cometer errores. Eso es todo. Somos la generación que creció y se hizo experta en una o dos cosas. Tenemos tiendas web, deducciones de impuestos, asesores, entrenadores personales y soporte técnico de Apple. No seguimos el método de prueba y error, sino que llamamos a alguien que ya sepa. La naturaleza no nos preparó.

Así que googleamos las cosas. Leemos foros en línea. Llamamos al teléfono de consulta médica cuando casi te golpeaste la cabeza contra la esquina de la mesa sólo para preguntar si te podría haber ocasionado algún «daño psicológico». Porque no queremos que repruebes Trigonometría cuando tengas dieciséis años y pensemos: «¿Quizás sufrió estrés postraumático? ¿Será por eso?». No queremos que nos señalen como responsables de que estuvieras fuera toda la tarde jugando con tus estúpidas pistolas de láser y tus cochecitos en vez de estudiar.

Porque te queremos.

De eso se trata. Queremos que seas mejor que nosotros. Porque si nuestros hijos no son mejores que nosotros, ¿qué sentido tiene todo esto? Queremos que seas más bondadoso, más listo, más humilde, más generoso y más altruista que nosotros. Queremos darte las mejores circunstancias posibles. Por eso seguimos las mejores técnicas para dormirte, vamos a cursillos, compramos bañeras ergonómicas y empujamos contra la pared al vendedor de asientos infantiles y le gritamos: «¡El más seguro! QUIERO EL MÁS SEGURO, ¡¿ENTENDIDO?!».

(No es que haya hecho eso nunca, por supuesto, no debes prestarle tanta atención a lo que dice tu madre).

Monitorizamos tu infancia hasta tal punto que la casa de Gran Hermano parece inofensiva y te llevamos a clases de natación para bebés y te compramos ropa transpirable y cómoda en colores unisex porque nos aterra la idea de cometer el más mínimo error, de no ser buenos padres. Porque fuimos la generación más narcisista de la historia hasta que, después de ser padres, nos dimos cuenta de lo insignificantes que somos en realidad.

El descubrimiento de que, a partir de ese momento, respirarás a través de los pulmones de otra persona es aún más impactante cuando no estás preparado.

Y lo único que queremos es protegerte. Ahorrarte las decepciones, los malos ratos y los romances infelices de la vida.

De hecho, no tenemos idea de lo que estamos haciendo: tener hijos es como conducir una excavadora por una tienda de porcelana. Con las piernas rotas llevando un pasamontañas del revés. Borrachos.

Pero lo vamos a intentar, ¡claro que sí! Porque queremos ser los mejores padres posibles. Y punto.

Así que nosotros googleamos las cosas. Lo buscamos todo por Google. Y nos preocupamos por el medio ambiente. Porque no lo heredamos de nuestros padres, sino que lo tomamos prestado de nuestros hijos y todas esas bobadas. ¡Creemos en esas bobadas! ¡Estamos dispuestos a luchar por esas bobadas!

¡Tenemos pósteres enmarcados con atardeceres, rocas, frases inspiracionales y demás bobadas en las paredes de nuestras salas! Compramos coches mejores. Reciclamos. Instalamos pequeños sensores de movimiento en todas nuestras luces para que se apaguen automáticamente cuando no haya nadie en la habitación. Y, a veces, nos excedemos. Lo hacemos con las mejores intenciones, pero a veces lo queremos todo. A veces mi generación es súper ambiciosa, entiéndelo, por favor. Entonces llega un genio y decide instalar sensores de movimiento en el baño con cambiador de pañales en el centro comercial, de manera que las luces se apaguen después de treinta segundos.

Y aquí estamos. Tú y yo. Y la caca. En la oscuridad.

Todavía no eres lo suficientemente mayor para haber visto a los gimnastas colgando de las anillas de madera en las Olimpíadas, pero así me veo yo, a grandes rasgos, cuando se apagan las luces mientras estoy sentado en el retrete intentando que se enciendan de nuevo. Imagina la coreografía moderna de *El lago de los cisnes* que conlleva volverlas a encender mientras sujeto en una mano un pañal y, en la otra, medio paquete de toallitas húmedas, mientras me balanceo sobre un solo pie y, con la rodilla, trato de evitar que te caigas de la mesa.

Entonces, en ese instante, pienso que mi generación quizás ha llevado el asunto de la tecnología sostenible un paso más allá de lo estrictamente necesario. Al menos así es como me siento, no sé si me entiendes.

Creo que sí entiendes.

Simplemente quiero que sepas que te quiero. Cuando seas mayor te darás cuenta de que cometí un montón de errores durante tu niñez. Lo sé. Lo acepto. Pero quiero que sepas que hice lo mejor que pude. Me dejé el alma en la cancha. Lo di todo.

Googleé como un demente. Pero en aquel cuarto estaba muy, muy oscuro. Y había caca... por todas partes. A veces simplemente tienes que dejarte guiar por tu intuición. La verdad es que deberías estar contento de que saliéramos vivos de ésa.

Si me muero, recuerda lo siguiente.

1. Salta fuera de la montaña rusa.
2. Agarra la soga colgante, espera hasta llegar al barco y llévate el barril de ron.
3. Agarra el frasco de aceite de lámpara.
4. Utiliza el aceite con la soga, y la soga con el barril de ron. Camina hacia el gran mono de nieve y pon el barril de ron bajo el brazo del mono de nieve.
5. Cuando aparezca LeChuck e intente quemarte, échale la pimienta para que estornude sobre la cuerda que se prenderá; el barril de ron explotará y LeChuck morirá.

Y así es cómo superas el último nivel *Monkey Island 3*. Tu madre podrá revolear los ojos todo lo que quiera, pero yo no me arriesgaré a que estos conocimientos desaparezcan con mi generación.

Lo que necesitas saber
sobre lo que espero de ti

TU MADRE: (*Leyendo el libro de un psicólogo infantil belga*): Aquí dice que él ahora mismo está en una fase de desarrollo en la que su cerebro se concentra en funciones muy específicas.

YO: Okey...

TU MADRE: Y dice que cada niño se enfoca en cosas diferentes. Unos niños se revuelcan, otros desarrollan habilidades verbales, otros aprenden a agarrar cosas desde muy temprana edad...

YO: ¿Cómo? ¿Quieres decir que cada niño desarrolla diferentes superpoderes?

TU MADRE: (*Me parece que no es lo que quiere decir, para nada*). Sí... supongo que... supongo que podría decirse... algo por el estilo.

YO: ¿Así que es como el Instituto Xavier de *X-Men*?

TU MADRE: (*Suspirando*). Sí. Seguro. Eso mismo. Si consideramos que «revolcarse por el suelo» es un superpoder.

YO: (*Mirándote a ti, que duermes sobre un enorme cojín en el suelo*). Me pregunto cuál será su superpoder.

TU MADRE: (*Mirándote*). No podemos negar que se le da muy bien dormir.

(*Silencio*)

YO: Dormir no es un SÚPER superpoder, ¿o sí?

TU MADRE: No.

(*Silencio*)

YO: En realidad, este niño no es más que una gran decepción.

TU MADRE: ¡Oye! ¡No digas eso!

YO: Tienes que admitir que, en la banda de los X-Men, se habrían burlado de un tipo que «duerme bien».

TU MADRE: (*Recogiéndote del suelo. Saliendo contigo del cuarto*). Ya mejor lo acuesto para que no oiga nada de esto.

YO: ¿Acaso crees que la madre de Wolverine lo consentía de esa manera? ¿Ah?

(*Silencio*)

YO: Aunque, ahora que lo pienso, ¿no te parece que a lo mejor duerme tanto después de pasar FUERA TODA LA NOCHE COMBATIENDO EL MAL?

Las matemáticas del parto

ENFERMERA: Ajá, veo que su hijo nació prematuro por unas semanas.

YO: Así es. Nació en la semana treinta y siete.

ENFERMERA: Bueno, nooo, aquí dice que en la treinta y seis más cinco.

YO: Ajá. Treinta y seis semanas y cinco días. ¿Esos días no entran ya en la semana treinta y siete?

ENFERMERA: Bueno, nooo, nosotros no lo contamos así. Lo calculamos como treinta y seis más cinco.

YO: Entonces... ¿me está diciendo que nació en la semana treinta y seis?

ENFERMERA: Treinta y seis más cinco, sí.

YO: ¿Pero, entonces, no sería ya la semana treinta y siete?

ENFERMERA: Bueno, nooo... nosotros no las contamos así.

YO: ¿Qué quiere decir con que «no las contamos así»? Cuentan las semanas, ¿no?

ENFERMERA: Bueno, nooo, nosotros contamos los días.

YO: ¿Y en qué diablos cree que consisten las semanas?

ENFERMERA: Bueno, consisten en días. Eso sí lo sé.

YO: ¿Entonces, treinta y seis semanas?

ENFERMERA: Más cinco.

YO: ¿Entonces, la semana treinta y seis?

ENFERMERA: Bueno, sííí. Más cinco.

YO: Pero si han pasado treinta y seis semanas más cinco días, eso significa sin duda alguna que es ya la semana treinta y siete.

ENFERMERA: Bueno. Quizás usted lo vea de esa forma.

YO: ¡Exacto!

ENFERMERA: Pero nosotros no lo calculamos así.

YO: ¿¿¿Entonces, en qué semana FUE???

ENFERMERA: En la treinta y seis. Más cinco.

YO: ¿Entonces en la semana treinta y seis?

ENFERMERA: Bueno...

(Un largo silencio)

ENFERMERA: ¿Qué está buscando?

YO: Pastillas para el dolor de cabeza.

Nota recordatoria

A las enfermeras no les gusta cuando utilizo la expresión «adiestrar» en referencia a los niños.

LO QUE NECESITAS SABER

SOBRE IKEA

No te hagas pis en la piscina de bolas.

Es el único consejo que puedo darte.

Y nunca camines en dirección contraria a las flechas pintadas en el suelo. En serio. Te quiero y todo eso, así que te lo advierto desde ahora: si intentas ir en dirección contraria a las flechas pintadas en el suelo de IKEA, será un «sálvese quien pueda». Las flechas en el suelo, como todo el mundo lo sabe, nos indican en qué dirección caminar y están ahí para prevenir la anarquía. Si nadie caminara en la misma dirección dentro de IKEA, sería el caos, ¿entiendes? La civilización tal y como la conocemos se desmoronaría e IKEA se convertiría en un apocalíptico escenario del Juicio Final lleno de sombras y de fuego.

Y, si caminas en la dirección contraria, no es que la gente sencillamente te mirará con desaprobación y apretará los puños dentro de sus bolsillos. Resulta que IKEA tiene los clientes pasivo-agresivos menos «pasivos» del universo entero. Allí las mujeres cincuentonas de pelo morado y olor a tabaco mentolado se arrojarán hacia ti con sus carritos como si fueran cazadoras de ballenas y tú una lancha inflable con el logotipo de Greenpeace. Los viejos te insultarán a gritos con las frases más vulgares que jamás hayas escuchado. Los padres que llevan a sus bebés en el portabebés BabyBjörn te darán un cabezazo «sin querer». Sinceramente, podrías conducir en sentido contrario en la autopista y ser objeto de menos hostilidad. Vives fuera de la ley, pero no en el sentido divertido de «ir al bosque con unos amigos». Es como si fuera la temporada de caza y tú fueras la presa. O sea, que si tú estuvieras en cualquiera de las películas de *Robin Hood*, y le dijeras a Kevin Costner o a Russell Crowe: «Yo tampoco obedezco las leyes, ¿me puedo unir al grupo?» se voltearían y te dirían: «¿Qué fue lo que hiciste? ¿En serio? Mira, mano, nosotros hemos asesinado y profanado y saqueado, y no es que queramos ser moralistas ni nada por el estilo, pero ¿qué carajos te pasa? ¡¿No viste las flechas?!». Es un delito tan grave como robarse el estacionamiento de otra persona. Cualquiera tendría el derecho a matarte después de eso. Ésas son las reglas.

Pero por lo demás: no te hagas pis en la piscina de bolas. Eso es lo más importante.

Y sí: seguro estarás pensando en lo extraño que es que pierda tanto tiempo hablando sobre IKEA. Y tienes toda la razón. Pero he pasado algunos de los PEORES días de mi vida en ese maldito lugar. En realidad, aparte del dentista y del crematorio, no existe otro lugar en el mundo que me cause mayor repulsión y trate de evitar a toda costa. Aunque tampoco me cortaría un brazo ni comería excrementos con tal de no ir a IKEA. No soy lunático, pero los domingos, hace unos años, habría hecho lo que fuera, incluso debajo de esa categoría. Por ejemplo, tu madre un día me desafió y dijo «¿HARÍAS LO QUE SEA?» y yo respondí «¡¡¡LO QUE SEA, EXCEPTO IKEA!!!» y entonces me forzó a sacar la basura totalmente desnudo. Bueno, pero ésa es ya otra historia. En fin, ya sabes. Con el tiempo uno madura. Tú también madurarás y comenzarás a darte cuenta de otras cosas. Como el hecho de que tú también pasarás algunos de los mejores días de tu vida en IKEA. Y que, después de un tiempo, el contenido del baúl del coche se vuelve insignificante comparado con el contenido del asiento del pasajero.

Crecerás. Terminarás la escuela. Volverás un día a casa y nos dirás que no quieres ir a la universidad porque tu plan es formar una banda de *rock* o abrir un bar o una tienda de surf en Tailandia. Te harás un *piercing* en el ojo y te tatuarás un dragón en el trasero, o donde sea, y empezarás a leer libros de filosofía práctica. Y está bien. Está bien ser un adolescente idiota. De hecho, eso es lo que se espera de un adolescente. Pero, sabes, a esa edad también te diré que sería buena idea que te busques tu propia casa. Y no quiero que te lo tomes como algo personal, que conste... simplemente necesitaré tu habitación para poner mi nueva mesa de billar.

Entonces iremos a IKEA a comprarte cubiertos y peladores de papas y bombillas. Porque eso es lo que nos toca hacer a los padres.

Yo me fui de casa a finales de los años noventa. Supongo que tú lo harás a finales de la década de 2020. Mi mejor consejo es que compres los platos suficientes para no tener que lavarlos a menudo. Y que busques un lugar oculto donde almacenar las latas de refresco vacías que irán al reciclaje. Y que no tengas drogas en la casa. Sí, ya sé lo que estás pensando: crees que podrás salirte con la tuya con la vieja excusa de que «son de un amigo». Pero ya puedes irte olvidando de que tu madre se trague esa mentira cuando vaya de visita. No es tonta. Se dará cuenta de que te bebiste todos esos refrescos tú solito.

Aparte de eso, no quiero interferir. El primer apartamento de un hombre es su castillo. Aunque, si tuviera que darte sólo un consejo, sería que compraras tu primer sofá de segunda mano. Que no sea de IKEA. Cómprate una de esas monstruosidades de cuero color café que sea tan grande como la Estrella de la Muerte. Uno de esos armatostes que parecen un castillo inflable. Uno con los cojines tan gastados que no se quemarán cuando tu amigo Sock se quede dormido con un cigarrillo en la boca. De esos en los que dormirás el ochenta por ciento de las noches porque no valdrá la pena el esfuerzo de levantarte y caminar hasta la cama después de apagar los videojuegos. Haz que la funcionalidad preceda a la forma: compra el sofá que quieres y no el que necesitas. Confía en mí. Jamás volverás a tener esa oportunidad.

Porque, tarde o temprano, te vas a enamorar. Y a partir de ese momento, la selección de cada sofá será fruto de un prolongado acuerdo con tu pareja. Así que vive mientras eres joven. Pasa todo el tiempo que puedas en el sofá de tus sueños.

Y ya sé qué estarás pensando: que un sofá así va a ser demasiado de caro para ti. Pero no te preocupes. Podrás conseguir uno gratis si estás dispuesto a recogerlo, te lo pueden dar gratis.

Quizás no te des cuenta ahora, pero un día te irás a vivir con alguien que amas y entonces todo lo que te digo quedará más claro que el agua.

Casi todo en la vida depende de elegir bien tus batallas. Eso también lo aprenderás. Y nunca lo tendrás más claro que en IKEA. Sólo en un pueblecito turístico de la costa danesa donde ha llovido durante dos semanas y no hay cerveza encontrarás tantas parejas discutiendo como en IKEA un martes cualquiera. Hoy en día la gente se toma muy en serio todo este asunto del diseño de interiores. Se ha vuelto todo un pasatiempo nacional interpretar los mensajes ocultos de IKEA. Sólo ahí oirás frases como: «Él quiere vidrio escarchado, lo cual demuestra que nunca tiene en cuenta mis SENTIMIENTOS». «¡Ahhhh! Ella quiere el revestimiento de madera de haya. ¿Te lo puedes creer? ¡De haya! ¡A veces me siento como si me hubiera despertado junto a una desconocida!». Eso mismo sucede cada vez que vas ahí. Y no pretendo darte un sermón sobre el tema, pero si vas a quedarte con una sola cosa, que sea ésta: nadie nunca en la historia del mundo ha tenido una discusión en IKEA que trate realmente sobre IKEA. La gente dirá lo que quiera, pero cuando una pareja que lleve más de diez años casada camina por la sección de estanterías insultándose como los detectives alcohólicos de las novelas policíacas, puede que estén discutiendo sobre diversos asuntos, pero seguro que las puertas de los aparadores no es uno de ellos.

Créeme. Eres un Backman. A pesar de todos los defectos que pueda tener la persona que ames, te aseguro que serán menos que los que tendrás tú. Así que no busques a alguien que te quiera por quien eres, sino a alguien que te quiera a pesar de quien eres. Y cuando estés ahí en la sección de alacenas en IKEA, no le prestes tanta atención a los muebles. Concéntrate en el simple hecho de que has encontrado a alguien dispuesto a guardar sus porquerías en el mismo lugar que las tuyas. Porque, admítelo, tienes muchas porquerías.

En mayo de 2008 fui a un IKEA a las afueras de Estocolmo. Era domingo, hacía más o menos seis mil grados y el aire acondicionado no funcionaba. El Manchester United ganó la liga ese día y yo me perdí el último partido. No quedaba absolutamente nada en la cafetería, sólo agua gaseosa con limón. Una anciana que olía a tabaco barato me embistió con su carrito y me golpeó en las espinillas. Yo tenía en mis manos la lámpara para vestíbulos más espantosa que hubiera visto jamás.

Fue uno de los días más felices de mi vida.

La mañana siguiente firmamos el contrato de nuestro primer apartamento. Tu primer hogar. A veces la gente me pregunta cómo vivía antes de conocer a tu madre. Y yo respondo que hasta entonces no había vivido.

Deseo lo mismo para ti.

Incluso cuando eso signifique que un día también tendrás que darle tu sofá de cuero color café a un idiota de diecinueve años vestido con una camiseta del Arsenal y que se presenta a tu casa un sábado en la mañana con un amigo que apesta a Jägermeister usando expresiones como «a toda madre». Incluso entonces.

Aprenderás a odiar IKEA. De verdad. Gritarás cuando no encuentres los tornillos que falten o al cortarte con los bordes del contrachapado. Dedicarás lo que te queda de vida a buscar y asesinar al responsable de las instrucciones ilustradas para el ensamblaje de esa mesa para televisor de porquería.

Y entonces aprenderás a amar este lugar.

Vine aquí con tu madre justo después de enterarnos de que estaba embarazada. Nos imaginábamos cómo serías. (El Manchester United derrotó al Manchester City ese día, también me perdí el partido). Y también vinimos aquí contigo en tu cochecito justo después de que nacieras. Nos imaginábamos en quién te convertirías cuando crecieras. Y de vez en cuando me doy el lujo de imaginar que un día también tendré la alegría de caminar por aquí, aunque me pierda los partidos del Manchester United, para comprar las cosas para mi nieto. Porque un día, que llegará en un abrir y cerrar de ojos, tú serás todo un adulto.

Y entonces todo esto habrá valido la pena.

Cuando llegue ese momento, seré yo quien te despierte a ti a las cinco y media de la mañana un domingo y vomite en tu Xbox, te lo digo desde ya. Y entonces iremos a IKEA y te aconsejaré sobre la vida y toda esa cuestión y pondrás los ojos en blanco, exasperado, y discutiremos sobre cómo meter todas esas malditas cajas en el baúl del coche. (Y la razón la tendré yo).

Sin duda, algunos de los mejores días de tu vida los pasarás en IKEA.

Así que juega, aprende, crece, déjate guiar por tus pasiones, conoce a alguien a quien amar. Haz tu mejor esfuerzo. Sé amable siempre que puedas, pero firme cuando sea necesario. No te alejes de tus amigos. No camines en la dirección contraria a las flechas pintadas en el suelo. Todo irá bien.

Pero, en serio, dime la verdad. Te hiciste pis en la piscina de bolas, ¿a que sí? Pues, vaya. Mira qué bien.

Sí. Ya sé que tu madre dijo que no.

No, pero en serio.

Ella pensaba que «Santiago Bernabéu» era el nombre de un vino tinto.

Ni caso.

Receta de helado frito con sabor a Snickers

(Algún día me lo agradecerás).

Necesitas:

Harina

Agua

Cerveza

Bicarbonato de sodio

Un wok

Pedacitos de pan

*Suficiente aceite para que el Departamento de Salud te
    declare enemigo público*

Todos los helados Snickers que puedas cargar

Una cocina que no sea la tuya

(Si usas nuestra cocina y tu madre se entera, necesitarás entrar
en el Programa de Protección a Testigos).

Haz lo siguiente:

Quítales las envolturas a los helados Snickers y colócalos en un
plato en el congelador. Déjalos ahí mientras juegas seis o siete

partidos de *Football Manager*. Los helados deben estar tiesos como la actuación de Keanu Reeves (a menos que sea la primera película de *Matrix*, y algunas partes de la tercera) cuando los saques del congelador.

Mezcla partes iguales de harina y agua con una cucharada de bicarbonato. Calienta el aceite hasta que burbujee como el agua de la caverna en la que Flash Gordon busca a esa chica.

Baña los helados Snickers en el engrudo de harina y agua. Ponlos a freír en el aceite 15 o 20 segundos hasta que empiecen a tener una pinta increíble. Sácalos. Cómetelos inmediatamente.

(Yo, además, les pongo sirope, salsa de chocolate y caramelo de Ben & Jerry's a los míos. Pero si te parece que eso es ligeramente dañino para la salud y prefieres algo más sano, sírvetelos con fruta. Con plátano, por ejemplo. En ese caso, ni siquiera es necesario que cambies el aceite: simplemente fríe el plátano en el mismo aceite que el helado).

Este mensaje se autodestruirá en cinco segundos.

[bebé aplaudiendo irónicamente]

Sí, ya me di cuenta de que aprendiste a aplaudir.

Y no me malinterpretes: todo eso está bonito y está bien. Los psicólogos infantiles dicen que aplaudir está íntimamente vinculado con la coordinación y la creatividad. Es una de las maneras en las que los pequeños expresan su identidad. Y todo eso está muy bien.

Pero, a ver. Quisiera que aplaudieras con un poquito más de... entusiasmo. Eso es todo. Tu manera de aplaudir es demasiado lenta e inaudible. Es casi como si lo hicieras... con otras intenciones. ¿Sabes lo que quiero decir?

Y sí, obviamente intenté aprovecharme de esto al principio, como los demás padres. Empecé por imaginarme que estaba en un torneo de golf y que tú eras el público cuando mi bola caía en plena calle. Practicaba mi *swing* con un palo imaginario en la cocina y miraba hacia el horizonte. Al pasar por tu andador, ajustaba mi gorra con concentración mientras balbuceaba: «Mmm, ahora sólo tengo que sobrepasar la trampa de arena de la izquierda y alcanzar el hoyo en dos golpes».

Sin embargo, ya no sé cómo explicarlo. Ahora aplaudes

en momentos en los que sólo puedo interpretarlo como... un aplauso sarcástico.

Como cuando te doy de comer y me hago el interesante fingiendo que la cuchara es un avión. Cuando la cuchara está en tu boca, me diriges una mirada escéptica y te tragas la comida con la misma expresión que tu madre pone cuando toco la guitarra invisible. Y entonces aplaudes.

Pero no por mucho tiempo. Sin entusiasmo. Sólo tres o cuatro aplausos. Lentos y apenas audibles.

Y no me queda otra que interpretar tus aplausos como si dijeras: «Muy bien, idiota. Encontraste mi boca. ¿Crees que podrás lograrlo de nuevo?».

Sinceramente, ya empieza a afectar mi autoestima.

Sigo sin entenderlo.

Cada vez que tu madre te da el desayuno, la cocina parece un anuncio de productos de limpieza. Cada vez que yo te doy el desayuno, parece la escena de *Los juegos del hambre* en la que todos mueren. Aquí hay algo que me están ocultando, maldita sea.

LO QUE NECESITAS SABER

SOBRE EL FÚTBOL

No estoy diciendo que tengas que jugar al fútbol. Para nada. Me niego a ser uno de esos padres que, durante los partidos, presionan y gritan desde la banda.

Lo que quiero decir es que todo será más fácil si juegas al fútbol. Eso es todo. Te librarás de la crítica de los demás, eso es todo.

A ver... es obvio que ahora mismo no te interesa demasiado. De hecho, parece que disfrutas más bailando. Y, bueno, aún no tenemos claro si cuando te lanzo la pelota es para que la agarres o para que te tumbe. Pero en cuanto tu madre enciende la música, empiezas a saltar por toda la sala como si fueras un osito Gummi bajo los efectos de medicación.

Y eso no me parece MAL. Para nada. Baila siempre que quieras.

Sólo digo que tu niñez será algo menos complicada si juegas al fútbol. Me preocupa la soledad que pueda causarte otra decisión. Eso es todo.

Y, mira: ni siquiera tienes que JUGAR al fútbol. Basta con que te guste como espectador. Se trata de formar parte de un grupo y sentirse aceptado.

No pasa nada si haces otras cosas, en absoluto. Por ejemplo, bailar o lo que sea. En absoluto. Sólo quiero ahorrarte lo que uno siente cuando no encaja. Nadie quiere sentir eso. Te parecerá raro, pero quiero que sepas que todo esto lo hago por amor.

Es importante sentir que formas parte de algo, que no te sientas siempre excluido.

Porque, sabes, a mí el fútbol me encanta. Pero mucho. Me ha dado mucho más de lo que jamás podré devolverle. Y quiero lo mismo para ti. Quiero que experimentes todo lo que el fútbol es, ha sido y puede y debe ser; todo lo que podría significar en tu vida.

Quiero que disfrutes de la experiencia mágica de elegir tu equipo, ya sea por lealtad o como acto de rebelión; por geografía o historia; para pertenecer o para sobresalir. Porque te gusta el apellido de un defensor. O simplemente por un amor puro e inesperado.

Porque el equipo tiene las mejores camisetas.

Y esa camiseta te acompañará toda la vida. Incluso por más tiempo que la mayoría de las personas a tu alrededor. Será tu superpoder. Conocerás a mucha gente que no lo entenderá, pero sin importar qué acabes haciendo en la vida, esa camiseta te dará noventa minutos de amnesia por semana. Y descubrirás que a veces es el superpoder más deseado de todos.

No pasa nada si quieres bailar. En absoluto.

O montar a caballo o hacer natación sincronizada o alguna

cosa de esas. En absoluto. No soy ese tipo de padre, ¿sabes? No pasa nada si prefieres hacer alguna de ésas.

Tal vez ni te interese practicar un deporte. ¡Quizás lo que quieres es jugar al golf! ¡Ningún problema!

No tengo prejuicios.

Es sólo que estoy... ya sabes, preocupado por ahorrarte la sensación de no encajar.

Sólo dame una oportunidad para explicarte lo que el fútbol me ha dado.

Porque no se trata únicamente de llevarte a un partido y explicarte las reglas y estrategias, entre ellas que el mejor momento para evitar las colas en los puestos de *hot dogs* no es cinco minutos antes del medio tiempo, sino cinco minutos antes de que el medio tiempo termine, después de que todos los demás tontos hayan empezado a regresar a sus asientos. O que siempre debes pedir que te pongan la cebolla frita en la parte inferior del bollo, tan separada del kétchup como sea posible, para evitar salpicar a tus compañeros de grada cuando tu equipo anote un gol. Te lo digo por experiencia.

También por otras razones, como que las moralejas de los cuentos de hadas, por ejemplo la de que los más pequeños pueden llegar a ser los más grandes, aunque sea por un día, las he aprendido del fútbol.

También todo lo que sé sobre segundas oportunidades. Que siempre habrá otro partido. Que cada semana termina con un domingo. Que siempre tendremos otra oportunidad para ser perfectos.

Que, pese a todo, siempre se empieza con un 0–0.

Cuando seas mayor, te preguntarán a menudo sobre tu primer gran amor. El mío fue el fútbol. Quizás a ti no te guste nada. Quizás no te parezca atractivo contemplar a veintidós millonarios con los brazos tatuados y fijador de pelo a prueba de balas corriendo por la cancha y tirándose al suelo como si les hubieran inyectado un tranquilizante para caballos en cuanto pisan el área contraria.

Lo entiendo.

Ningún problema.

Podrías terminar odiando el fútbol.

Y quiero que sepas que nunca, nunca, nunca dejaría de quererte si ése fuera el caso. Ni me avergonzaría nunca de ti. Eres mi hijo. Cuando naciste, sentí como si hubieran carbonatado el aire de mis pulmones. Como si hubieras soplado burbujas en mi sangre. Durante veinticinco años, me ocupé sólo de mí hasta que llegó tu madre y luego llegaste tú y ahora me despierto en medio de la noche varias veces a la semana para asegurarme de que ambos aún respiran. ¿Sabes lo que es eso? Si hubiera actuado de esta manera antes de ser padre, seguramente me habrían encerrado en un manicomio en una celda acolchada y con un iPod que sólo tuviera cantos de delfines.

Decirte que te quiero no me da miedo. Lo que me aterra es todo lo demás.

Me da miedo lo que dirá la gente si no juegas al fútbol. Me da miedo la vergüenza. Los comentarios. La exclusión. Me da miedo que hagan... ya sabes a lo que me refiero.

Quiero decir que, quizás prefieras practicar la vela, el ballet o el salto con pértiga, o el patinaje artístico. Ningún problema. Tengo muchas ganas de ser un padre que cumple lo que promete. ¡No pasa nada! Quiero que puedas hacer lo que te haga feliz, sin importar lo que diga la gente.

Pero también quiero que estés preparado para la ignorancia y los prejuicios.

No te tiene que gustar el fútbol. Puedes jugar al ajedrez. O cantar. Que sepas que, si decides practicar ese deporte de los Juegos Olímpicos, en el que los atletas saltan sobre un suelo acolchado con la banda sonora de *Titanic* de fondo agitando dos palos con cintas como las que usan para envolver regalos, asistiré a todas las puñeteras sesiones de entrenamiento.

Sólo me preocupa no ser capaz de entenderlo.

Mira, no quiero ser el tipo de padre que le cae mal al resto de los niños. El que no encaja con los otros padres. El que te avergüenza. El que no logra entender lo que te gusta. El que te decepciona.

Yo sé de fútbol. No sabré mucho de otras cosas, pero sí sé de fútbol. Apenas entiendo el arte, la moda, la literatura, las computadoras. No sé construir un techo o cambiar el aceite de un motor. Apenas sé algo sobre música. Y no se me da bien hablar sobre los sentimientos.

Sé que, tarde o temprano, todos los niños se dan cuenta de que sus papás no son superhéroes. No soy tonto. Mi único deseo es que ese momento se demore el mayor tiempo posible. Ojalá pudiéramos tener al menos un par de tardes de domingo juntos, tú y yo. Algo que sea nuestro. Algo que yo sí entienda. Porque no me da miedo decirte que te quiero, pero sí le tengo un miedo mortal a todo lo demás.

Me asusta pensar en el día en que deje de ocupar ese lugar en tu vida.

No te tiene que gustar el fútbol.

Sólo quiero que sepas que me aterra cómo será todo si no te gusta el fútbol. La exclusión. La incomodidad. La soledad.

Que yo sentiré.

La teoría del caos

YO: ¿Conoces ese viejo dicho que dice «Más que su padre, tengo la sensación de ser el supervisor de su libertad condicional»?

MI ESPOSA: Ese dicho no existe.

YO: Pues debería existir.

A-Papa-Calypse-Now

Conversación con un buen amigo que acaba
de terminar su licencia por paternidad.

YO: Bueno, cuéntame, ¿cómo te fue en casa con los niños?

ÉL: (*Se rasca la barba nerviosamente, mira reflexivo sobre su hombro de tanto en tanto y murmura distraídamente*). Mmm. Sí. Súper bien. Lo mejor que he hecho…

YO: ¿Lograste conectar con los niños…?

ÉL: (*Señala mi taza de café con frustración*). ¿Se puede saber por qué la has puesto ahí?

YO: ¿Cómo?

ÉL: (*Señala muy enfadado*). ¿Tienes que poner la taza ahí? ¡Se puede caer y QUEMAR a alguien!

YO: (*Mirando debajo de la mesa*). ¿A quién? Ahí abajo no hay nadie…

ÉL: (*Con los ojos como platos*). ¡No, AHORA no! ¡Pero podría aparecer alguien en cualquier momento! ¡Estos mocosos salen de la nada!

(Silencio)

ÉL: (*Tamborileando los dedos impacientemente sobre la mesa, mira al techo*). Sí, tú ríete ahora, pero espera a que llegue tu turno. Cuando estés metido de lleno. Sin nadie que te eche una mano. Te vuelves paranoico. Crees saber dónde están y que tienes el control, pero ellos aguardan callados. Como las serpientes…

(Silencio)

AMIGO MUTUO QUE NO TIENE HIJOS: (*Mirándome nerviosamente*). Cuando dijiste que estaba de «licencia por paternidad», ¿quisiste decir que estaba con los niños o en la Guerra de Vietnam?

En busca de nuestro Allspark

YO: ¿Qué hacemos con éste? ¿Dónde diablos se supone que va éste?

MI AMIGO J: Aquí, ¿no?

YO: Sí. Quizás. A ver, ponlo ahí.

J: No encaja.

YO: Con más fuerza. ¡Ponle todo tu peso encima!

J: ¡Te digo que no ENCAJA!

YO: No entiendo por qué es tan difícil armar una sillita alta de bebé.

J: Dice incluso que es «portátil». ¿Portátil en qué sentido?

YO: ¿Y ahora qué? ¿Qué hacemos con eso?

J: No sé… ¿Esa cosa realmente debe sobresalir así?

YO: ¡No! ¡Pero lo arreglas TÚ solito!

J: No sé si lo hemos montado del revés…

YO: Estas instrucciones son UNA MIERDA. ¿Qué dice en la caja? ¿Algo que nos sirva?

J: Sí.

YO: ¿Qué?

J: «De fácil montaje».

(*Silencio. Nos quedamos mirando con detenimiento lo que en reali-dad parece cualquier cosa menos una sillita bien montada*).

J: Habríamos sido pésimos Transformers.

El matrimonio de tus padres:
una introducción

Un chico se enamora de una chica. La chica se enamora de unos zapatos. Los zapatos se enamoran de otros zapatos. El chico vacía el sótano. Los zapatos llenan el sótano. El chico vacía el armario. Los zapatos llenan el armario. La chica entra en una habitación de invitados y sale de un vestidor. El chico y la chica tienen un bebé. La chica se enamora de los zapatos de bebé. El chico se enamora de un tipo de coche más «práctico». La chica se enamora del centro comercial. El chico dice «hasta aquí». Chico prohíbe a chica comprar zapatos nuevos hasta que tire los zapatos viejos.

La chica tira los zapatos del chico.

Que si el trauma infantil esto, que si el trauma infantil lo otro.

Dibujé UN inocente cuadrito de los diferentes cortes de carne como esos pósteres de la carnicería en un paquete de galletas de animalitos... ¿y de repente me llaman por nombre, segundo nombre y apellido?

Me parece una exageración.

LO QUE NECESITAS SABER

SOBRE LAS COSAS

Resulta que anoche alguien rayó el costado de nuestro coche con una llave. Pero no pasa nada.

No estoy enfadado con ese «alguien» por haberlo hecho. Sí, fue totalmente innecesario. Totalmente. Pero seguro que tenía sus razones. Quizás tuvo un mal día. Quizás lo dejó la novia. Quizás es fan del Tottenham. No debemos juzgar. Hemos de tener empatía.

Es sólo un coche, ¿sabes? Es sólo una cosa.

Y tienes que saber que vas a acumular una gran cantidad de cosas durante tu vida, así que no puedes apegarte demasiado a ninguna de ellas. No es saludable. Porque habrá muchísimas cosas. Mucho antes de que tú nacieras, un hombre inteligentísimo llamado George Carlin le enseñó eso a tu padre. Es mejor que lo aprendas cuanto antes.

Habrá un MONTÓN de cosas.

Cosas pequeñas. Cosas grandes. Cosas malas. Maquinaria cuyo único propósito es producir más cosas. Cosas destinadas a formar parte de otras cosas. Cosas que ni siquiera son cosas, cosas que llevarás al mostrador de la tienda y el dependiente, un muchacho de diecinueve años con olor a resaca y Cheetos, te dedicará una mirada condescendiente y te preguntará si ya tienes «las cosas que necesitas para usar estas cosas». Y cuando le preguntes «¿qué cosas?», negará con la cabeza como un búho y resoplará exasperado: «¡Los accesorios! ¡Sin los accesorios, esto ni siquiera es una cosa! Sin los accesorios, es sólo una... ¡cosa!».

Dirá «cosa» como tu abuela dice los peores insultos. Como si los escupiera. Por eso darás por sentado que él conoce bien estas cosas y le preguntarás por los accesorios, y luego exhalará y responderá que podrías haberlo dicho desde un principio. Entonces, tendrá que ir a revisar en el almacén para ver si le quedan cosas. Y para entonces quizás empieces a pensar que está exagerando. Aunque no deberás señalárselo.

A la gente le gustan las cosas. Las cosas nuevas. Y las cosas aún más nuevas. Las cosas para reemplazar cosas viejas y las cosas viejas que son tan antiguas que se convierten en cosas «retro» y comienzan a usarse en lugar de las cosas nuevas. Créeme: todo esto son cosas divertidas.

A veces tenemos que deshacernos de las cosas y hacer sitio para cosas nuevas, pero después empezamos a extrañar tanto las cosas viejas que construimos cosas nuevas que se parezcan a las viejas.

Como colocar esas pantallas de frente a las cintas de correr en el gimnasio en las que se ven videos de árboles para sentir que corremos por el bosque. Sí, sé lo que estás pensando: «¿Por qué no vas y corres en el bosque directamente?». Y está muy bien que me lo preguntes. Aún no sabes cómo son las cosas. Pero, mira, tuvimos que talar los árboles del bosque para construir una carretera para conducir nuestros coches al gimnasio. Y sí, ya puedo adivinar tu siguiente pregunta: «¿Por qué tuvieron que talar los árboles?». Pero oye, ¿qué querías que hiciéramos? ¡Estaban plantados en medio de la carretera!

No son cosas fáciles de explicar.

Así que permíteme aclarar que no estoy enfadado con la persona que rayó el coche. El coche es sólo una cosa.

Y nunca podemos permitir que las cosas se vuelvan más importantes que las personas. Como en tu caso. Quiero decir, me he deshecho de mis mejores cosas para tener espacio para tus cosas. Porque tus cosas son más importantes. ¡Y la verdad es que tienes muchísimas cosas! A todos los padres les encanta quejarse de las cosas de sus niños pequeños. Nos miramos y nos decimos: «¡Estos niños tienen muchas COSAS!». Como si la culpa fuera de ustedes. Como si ustedes compraran todo. Como si ustedes fueran los que van a las tiendas y examinan unos pedazos de goma negra, o lo que sea, que tienen unos estúpidos fantasmas pintados y que cuestan un billete de cincuenta mientras una voz interior te pregunta: «¿Seré un mal padre si no le compro esta porquería?».

Y luego el vendedor sonríe de oreja a oreja, te da un golpecito en la espalda y te dice: «La seguridad de un niño no tiene precio, ¿a que no?». Pero no le devuelves la sonrisa porque queda muy claro que en realidad sí tiene precio: un billete de cincuenta. Lo dice la etiqueta. Y acabas comprando la porquería. Y te convences a ti mismo de que eso es ser padre.

Si tan solo supieras cuántas porquerías para niños existen en el mundo. Las peores son las que compramos antes de que nacieras, como aquella oveja de juguete con su altavoz de «cantos de ballena» para que durmieras mejor. ¿Por qué no tendría forma de ballena? Eso aún me molesta.

Porquerías. Por todas partes, porquerías. La gran mayoría ni siquiera es de calidad. Son sólo porquerías de porquería. Y tan pronto como tienes un hijo, necesitas porquerías para todo. Necesitas porquerías especiales que sean compatibles con las porquerías que ya tienes. Porquerías para el coche. Porquerías para la mesa de la cocina. Porquerías para el baño. Ni me recuerdes la cantidad de porquerías que necesitas para hacer caca. Regresé a casa de la tienda justo después de que nacieras y tu madre me gritó: «¿Compraste los pañales?». Y le respondí: «¡Claro que compré los pañales!». Ella los sacó de la bolsa, con una mirada desconfiada, leyó la etiqueta y dijo: «¿Compraste pañales para bebés de seis a nueve meses?», y le contesté «bueno, eso es sólo una sugerencia». Y exclamó: «¡Es un bebé de apenas nueve días!», y yo le señalé «¡¿crees que no me doy cuenta?!», y ella me respondió: «¡¡¡Parece que no!!!». Volvió a mirar dentro de la bolsa y añadió: «Estas toallitas húmedas están perfumadas», y yo «no», y ella «sí», y yo «no», y ella «dice "perfumadas" en el paquete», y yo «¡eso es lo que quieren que pienses!». Volvió a mirar dentro de la bolsa una vez más y me preguntó: «¿Qué es esto?» y le contesté «creo que es una funda de plástico para parrillas al carbón», y ella volvió a preguntar «¿por qué diablos compraste una cubierta para la lluvia para una...», y yo sólo pude decir «¡¡PORQUE ENTRÉ EN PÁ-NI-CO!! ¿¿ENTIENDES??». Y luego dijo: «Está bieeeeen...». Puso los ojos en blanco y le lancé un: «¡Eso, perdóname la vida! ¡Pero no tienes idea de lo complicado que es! ¡Hay quinientos tipos de pañales diferentes! ¿Sabes? La sección de bebés es como el hangar de un aeropuerto. Intenté encontrar los que querías, ¡pero había tantos! ¡Tantos y tantos pañales! Perfumados, sin perfumar, con Winnie-the-Pooh, sin Winnie-the-Pooh, con cierres de velcro, con elásticos, estilo calzón, hipoalergénicos, unos que vienen con un juego de computadora gratis, otros que te dan millas de viajero frecuente, ¡A LA MIERDA YA!», a lo que ella respondió «¡cálmate, Fredrik», y a lo que yo contesté: «¡Cálmate TÚ!». Ella me preguntó: «¿Por qué te enojas tanto?». Yo le contesté: «¡Porque de repente había a mi alrededor un montón de otros padres! Y todos llegaban sabiendo exactamente cuáles necesitaban. ¡Directo a la canasta! Y yo estaba allí de pie como un payaso, sentía que todos me observaban, hasta que al final ¡ESCOGÍ EL QUE FUERA!».

Tu madre no entendía lo que era aquello. Ella se quedaba sentada en casa como una especie de burócrata, dando órdenes. Pero ahí fuera, en la jungla, ¡es un sálvese quien pueda! ¡Y apenas tienes unos segundos para tomar la decisión correcta!

Y... porquerías. Terminas ahogándote en porquerías. Crees que vas a ser ese joven padre que mantiene la cabeza fría y nunca pierde la calma, pero un día te encuentras en el pasillo de comidas para bebé y te das cuenta de que hay siete tipos diferentes de sustitutos de leche. Y entonces te tiras al suelo a llorar.

Así que ya lo sabes.

No estoy enfadado porque hayan rayado el coche. Ni estoy enfadado por tener que llamar a la compañía de seguros. Ni estoy enfadado porque no tendremos coche durante una semana mientras retocan la pintura.

El problema es que la mitad de las porquerías que necesitas una vez que tienes un hijo ni siquiera son de uso fácil. Es el tipo de porquerías que tienes que montar. Tienes que atornillar y ajustar hasta que el pasillo es un completo caos, como si el mismísimo MacGyver hubiera estado fumando hachís afgano en la bañera de la casa de una anciana de esas que nunca tiran los periódicos.

Ahora todos mis fines de semana parecen un episodio de *Manny a la obra* que Disney tuvo que cancelar porque Manny se volvió loco y comenzó a maldecir y a amenazar con «pegarle al hijo de #% & que escribió estas instrucciones de m#!%& en su p&#% cara!».

Así que no estoy enfadado con esa persona que rayó el coche. Para nada.

No estoy enfadado porque alguien arrastró lo que el perito de la aseguradora llamó una «llave, u objeto de forma similar» a lo largo de la parte lateral trasera del coche; toda la puerta trasera y una parte de la delantera.

No estoy enfadado por el papeleo.

Ni estoy enfadado por la situación en general.

Sólo hay un pequeñísimo detalle que todavía quiero que sepa ese alguien que rayó el coche.

Y es que hoy tuve que pasar una HORA colocando la sillita para bebé DE NUEVO porque tuvimos que usar un coche de alquiler. Por algo así sería capaz de investigar hasta encontrar a ese alguien.

Y lo mataría.

Pero en fin. Aparte de eso, no estoy enfadado.

Porque antes de ser padre, te crees que todos los padres son superhéroes. Crees que la crianza es algo muy complicado y difícil, pero confías en que la naturaleza es sabia y que lo resolverá de alguna manera. Incluso si te atacara una enfermera pediátrica zombi o tuvieras un misterioso «accidente» y te despertaras en un hospital militar secreto con un esqueleto de acero o algo así. Todo se acabaría resolviendo.

Pero las cosas no funcionan así. El único superpoder que vi hasta ahora fue el increíble sentido del olfato que tu madre desarrolló durante el embarazo. Y voy a ser muy honesto contigo. Fue el superpoder más inútil de la historia. No me dejó cocinar tocino en casa durante casi un año.

Cuando uno regresa a casa desde el hospital con un niño recién nacido lo hace sin superpoderes, y se siente totalmente abandonado y aterrorizado. Miras al personal del hospital cuando te dan de alta de la sala de maternidad como si te estuvieran dejando morir en el desierto. Como si se negaran a abrir la puerta de esa aldea de sobrevivientes al final de la película *Soy leyenda* y dejaran que los zombis te alcanzaran.

Llegas a casa, te sientas y miras a tu hijo dormido y te preguntas quién va a hacerse responsable a partir de este momento. Porque está claro que nosotros no. Yo bebo el jugo de la botella y tu madre nunca vuelve a poner los DVD en la caja. No estamos hechos para estas cosas. Deberían haber diseñado una prueba de aptitud para ser padres de familia. Y haberla hecho obligatoria, como cuando salió el juego *Los Sims 2*. Dejé de jugarlo porque sentía que era demasiada responsabilidad. Estoy bastante seguro de que sencillamente no tengo lo que hay que tener para ser padre.

Entonces, ¿qué haces?

Entras en pánico. Y compras cosas. Eso es lo que haces.

Cosas de diseño ergonómico, orgánico, pedagógico y anatómico. La gente te dice: «¡Tienes que comprarte uno de estos sin falta!». Y tú piensas de inmediato: «Sí, quizás sí, suena razonable». Peluches, termómetros láser, anillos de dentición, un retrete que parece Jabba el Hutt y una tortuga de plástico que toca música de Mozart cuando le presionas la entrepierna con un palo. Digamos que es como cuando estás borracho y te pones a ver el canal de televentas y te das cuenta de que no tendrás una vida realmente plena hasta que tengas ese utensilio para cortar cebollas en forma de estrellas. O como cuando te pasas dos semanas en Tailandia y te crees que las rastas te quedan bien.

O sea que compras todas esas porquerías. Y luego compras aún más porquerías: un teléfono, una cámara de video y una computadora con la única intención de poder grabarse usando todas las demás porquerías. Como si los hijos fueran una especie de experimento científico. No exagero cuando digo que pocas cosas han revolucionado la forma en que mi generación se relaciona con la tuya tanto como el iPhone 4 con su cámara frontal que nos permite sentarnos uno al lado del otro mientras te observo en la pantalla. Existió una época anterior a las selfis, ¿sabes? Y fue TERRIBLE.

Así es mi vida ahora.

Me he convertido en uno esos padres que piensan que su hijo es un genio porque descubrió cómo subir el volumen al altavoz. Pagas un dineral por un iPad y luego llamas a Mensa para contarles que tu hijo ha aprendido a desbloquear el teclado al año y medio. Y la mujer que te responde al otro lado no te lo dice a la cara. Pero digamos que por su respiración entrecortada comprendes que en realidad le gustaría gritarte: «¡Es sólo un BLOQUEO DE TECLADO! ¡No es el código genético para la cura del cáncer de próstata, es un maldito t-e-c-l-a-d-o! ¡¿No ha pensado nunca que su hijo no es un genio, y que puede que usted sea IDIOTA?!».

No te lo dice. No. Pero sabes que eso es lo que piensa.

En momentos como ese me doy cuenta de que quizás te dimos demasiadas cosas. Te dimos las porquerías equivocadas. Te inculqué los valores equivocados. Fui un mal ejemplo para ti.

Porque... a ver, no voy a MATAR al que rayó el coche. No estoy loco. Es algo que tan sólo se dice.

Es sólo un coche, ¿sabes?

Solucionaré el problema con sentido común. Encontraré a quien lo hizo y tendremos una conversación de adultos. Le explicaré que no estoy de acuerdo con su comportamiento. A lo sumo, puede que entre en el apartamento de ese individuo cuando no esté y cometa actos inconfesables con todos sus trofeos de karate.

Como un adulto. Porque, como te comenté, se trata sólo de cosas. No tienen importancia. Aunque, ahora que lo dices...

Me acabo de dar cuenta ahora que escribo estas líneas de

que, cuando vaya a recoger nuestro coche dentro de una semana, tendré que devolver el coche de alquiler.

Y tendré que volver a colocar la maldita sillita para bebés.

Dame un minuto.

Bueno, pues igual sí: lo más probable es que mate a alguien.

El primer día de preescolar

No quiero que pienses que tengo preferencias. Para nada.

No quiero presionarte sobre qué otros niños de preescolar deberían ser tus amigos.

Lo que quiero decir es que en la reunión de padres y maestros nos explicaron que durante los primeros días de adaptación, tendríamos que esperar en otra sala.

Y hubo un padre que preguntó de inmediato: «¿En qué sala?». Y luego se pasó el resto de la visita guiada caminando en círculos en esa sala con el iPhone en alto, buscando la mejor cobertura 4G.

No busco PRESIONARTE, para nada. Pero creo que ese padre y yo nos llevaríamos bien. Eso es lo quiero decir.

No dices nada, pero me parece que dices esto.

Bueno. Ya cumpliste doce semanas.

Yo me levanto por la mañana, sobre las cinco. Te levanto en brazos. Salgo al pasillo. Me golpeo un dedo del pie con el marco de la puerta. Me golpeo la cabeza contra una lámpara. Entro al baño. Me golpeo la rodilla contra la puerta. Te coloco sobre el cambiador. Tumbo una pila de toallas. Me agacho para recoger las toallas mientras intento mantener una mano sobre ti, que sigues sobre el cambiador. Me las ingenio para meterte el dedo en el ojo. Te enojas. Me golpeo la cabeza contra el cambiador, estiro un brazo para abrir el grifo y tumbo dos frascos de perfume en el lavamanos. Uno se rompe. Se me caen tus pantalones al suelo. Mantengo una mano sobre ti; humedezco una de las toallas sin cortarme con el vidrio, intentando que no se caigan más cosas del gabinete del baño y trato de recoger tus pantalones del suelo con los dedos de los pies, como los monos. Cuando por fin lo consigo y ya tienes puestos tus pantalones, me doy cuenta de que no te he puesto el pañal. Te quito los pantalones, te pongo un pañal, y en eso tumbo una enorme canasta de frascos de champú, o de lo que sean. Intento recoger los frascos más pequeños uno por uno con los dedos de los pies. Me las arreglo para meterte los dedos en la nariz. Te enojas de nuevo.

Cuando termino, cierro el grifo, recojo todos los trocitos de vidrio y los frascos; te alzo, te tomo en brazos y te llevo a través del apartamento hasta tu cama y me doy cuenta de que te puse el pañal al revés. Y de que, una vez más, no llevas pantalones.

Y te quedas muy quieto, mirándome pensativamente. Cruzamos miradas.

¿Has visto cómo hay padres que parecen saber exactamente cuáles serán las primeras palabras de sus hijos?

Entonces me asalta la terrible sensación de que las tuyas serán: «Eres el eslabón más débil. Adiós».

El arte de precedir
si una broma será apropiada

Supongamos que tú y yo nos encontramos en el supermercado con un amigo mío que tiene una hija de tu misma edad. La novia de mi amigo está ocupada en el mostrador de la pescadería, así que se nos ocurre la divertidísima idea de intercambiar los cochecitos mientras ella no nos ve para ver cuánto tiempo tarda en darse cuenta de que el bebé en su carrito no es el suyo. ¿A que tiene gracia?

Pues sí. Ahora, supongamos que me entusiasmo demasiado con todo esto y salgo corriendo por la tienda con su hija en mi cochecito para esconderme.

Y después, supongamos que la novia de mi amigo y yo no nos conocemos. Y, supongamos que lo primero que ella ve cuando se vuelve desde el mostrador cinco segundos más tarde, no es a su novio junto a ti muriéndose de la risa como lo habíamos planeado. No, supongamos que lo primero que ve en vez es a un tipo bastante gordito con una gorra de béisbol a quien nunca ha visto en su vida alejándose por el pasillo de los lácteos con su hija de un año.

Entonces es muy posible que toda esta idea haya sido ligeramente más divertida en teoría de lo que resultó en la práctica. Supongamos eso.

Entonces...

Cuando nuestros amigos vienen a casa a anunciarnos que su media naranja está embarazada, es, al parecer, aceptable que yo comparta su alegría tras la noticia. Es incluso aceptable que le choque la palma a la media naranja que no está embarazada y le ofrezca un trago. Hasta se considera socialmente aceptable bajo ciertas circunstancias darle un puñetazo en el hombro y gruñir cosas como: «¡Eh, viejo tigre!».

También es aceptable, hasta cierto punto, hablar sobre lo mucho que se cansan las mujeres durante los primeros meses del embarazo e incluso hacer bromas sobre cómo tu madre prácticamente no hizo nada más que dormir durante las primeras doce semanas.

De hecho, es también aceptable tomarse el atrevimiento de exclamar alegremente: «¡Nunca he pasado tanto tiempo jugando a los videojuegos como durante esas semanas!».

Todo esto es aceptable. Lo que nunca debes hacer es referirte a esas semanas como «lo mejor de todo el embarazo». Esto último es muy importante. Fundamental.

Marcado de por vida

Al parecer es normal que los padres se tatúen para conmemorar el nacimiento de sus hijos. Retratos. Fechas de nacimiento. Ese tipo de cosas. Yo también me lo he planteado. Aunque en mi caso, quiero que sea algo realmente simbólico. Una imagen que realmente capture la relación que tú y yo tenemos como padre e hijo. Ahora mismo se me ocurre que podría ser un pequeñísimo tatuaje tribal en forma de charco de leche vomitada sobre mi hombro.

LO QUE NECESITAS SABER

SOBRE SER UN HOMBRE

Dicen que es responsabilidad del padre enseñar a sus hijos lo que significa ser un hombre. No sé. Dicen que tarde o temprano la mayoría de los hombres terminan convirtiéndose en sus padres. Pero espero que eso no sea verdad.

Tus abuelos son diferentes a mí. Son hombres más fuertes y orgullosos, con distintas destrezas. Por ejemplo, saben determinar la calidad de los coches con sólo patear los neumáticos. Y si les das cualquier producto electrónico, el que sea, pueden decirte si pagaste demasiado por él en tres segundos con tan sólo sostenerlo en las manos. (Siempre has pagado demasiado).

Jamás se han equivocado en una discusión desde mediados de los años setenta. (E incluso entonces, no estaban equivocados: sólo admitieron que quizás alguien más podría haber tenido un poco de razón).

No se detienen para pedir direcciones. No piden ayuda. Nunca discuten sobre dinero, sólo sobre principios. Nunca entenderán lo de pagar a otra persona por algo que puedes hacer tú mismo (y sus hijos nunca entenderán lo de hacerlo todo mal tú mismo en vez de contratar a un experto; ésta es, de hecho, la causa de la mayoría de nuestros conflictos intergeneracionales). Son una raza diferente, así de fácil. Ellos saben cómo funciona un cable de alargo. Puedes despertarlos en medio de la noche y serán capaces de decirte la tasa de interés hipotecaria del día hasta el punto decimal. No importa lo que compres, te mirarán con desilusión y preguntarán cuánto te costó. Y aunque mientas y bajes el precio un veinte por ciento, exclamarán: «¡¿$29.95?! ¡Te engañaron! Conozco un lugar donde podrías haberlo comprado por...».

Cada vez que los visitas en su casa, te obligarán a que les cuentes la ruta exacta que tomaste para llegar. Y cuando finalmente admitas que no tomaste su «atajo especial» esta vez, ya que no es recomendable conducir por las vías del tren y estás casi, casi seguro de que hay murciélagos en esas cuevas, te mirarán de la misma manera que William Wallace mira al traidor al final de la película *Braveheart*.

Ése es el tipo de hombres que son.

Pueden salir al jardín al amanecer con las manos vacías y al volver a entrar haber construido una terraza. O sea, ¡por favor! Lo único que yo he terminado con mis propias manos es el último nivel del videojuego *Grand Theft Auto IV*. (¡Haciendo trampa!).

Tus abuelos construyeron sus propias casas antes de que Google existiera. ¿Te das cuenta? No son personas: ¡son navajas Swiss Army con barbas! Son hombres fuertes y orgullosos y es probable que no siempre digan lo correcto en el momento adecuado. Todo esto de la licencia por paternidad compartida no existía cuando ellos se convirtieron en padres, y quizás no sean los mejores a la hora de hablar de cosas a las que no puedes patear los neumáticos o estimar el peso sosteniéndolos en una mano. Pero eso sí: son trabajadores.

Supieron arreglárselas. Saben completar su propia declaración de impuestos, arreglar un microondas, montar una carpa y cambiarle el aceite a un Ford Escort. Estos hombres domesticaron la naturaleza. Sobrevivieron al principio de los tiempos. En plena naturaleza. Ni siquiera tenían wifi cuando eran jóvenes. Imagínate. Toda su infancia fue un episodio de *Survivor*.

No, pero en serio.

¿Sabes esa manera de abrir una botella de cerveza con otra botella de cerveza? Tardé veinte años en darme cuenta de que mi padre no había inventado ese truco. No es broma. La primera vez que vi a otra persona hacerlo, lo primero que pensé no fue: «Anda, ahora me doy cuenta de que papá no inventó ese truco». Lo primero que me vino a la mente fue: «¡ANDA! ¡Se está popularizando!».

No sé si eso revela más de mi papá o de mí.

Llegó un momento en que dejé de atribuirle todo. Llegó un momento en que mi generación dejó de tener en cuenta a la generación de mi padre. Y aquí estamos con nuestra especialización y nuestro CrossFit y nuestras barbas de diseño y nuestro Facebook, pero no tenemos la más mínima idea de cómo arreglar un grifo que gotea. Ni qué es un árbol de levas. Ni cómo construir una terraza.

Nos equivocamos, para serte sincero. Se supone que el objetivo de la evolución es que cada generación sea más inteligente, más fuerte y más rápida que la anterior. Y sí, mi generación puede que haga bien muchas cosas. Las cosas modernas. Ningún jugador de treinta años será jamás derrotado por uno de sesenta en el *Super Mario Kart*, te apuesto lo que sea.

Pero si llega el Apocalipsis, si el mundo queda devastado por las armas nucleares de la Tercera Guerra Mundial y los últimos sobrevivientes se asoman desde un búnker unos años más tarde ante un paisaje desolado, inhóspito y estéril y deciden reunir a las personas más inteligentes y más capaces para dirigir la reconstrucción de la especie, me parece que nadie irá a buscar a los de mi generación.

O quizás sí. Por supuesto que irán a buscarnos. Y nos preguntarán dónde encontrar a nuestros padres.

No porque las habilidades de mi generación sean inútiles en esa situación, eso no es lo que estoy diciendo. Simplemente no podríamos usar ni una sola de ellas hasta que alguien haya reinventado la electricidad.

Así que quiero que sepas que no es fácil enseñarte lo que es un hombre. Haré lo que pueda. Trataré de explicar este mundo milagroso de descubrimientos tecnológicos y redes globales de información, revoluciones democráticas y avances médicos. Pero nunca podré enseñarte ni la mitad de lo que pueden enseñarte los hombres que saben cómo llegamos hasta aquí.

Para ti es normal que expresen sus sentimientos, lo sé. No te resulta extraño que te susurren «te quiero» en el oído todo el tiempo. Pero fuiste tú quien les enseñó esas palabras. Se transformaron cuando tú llegaste.

Puede que los hombres de la generación de tus abuelos cometieran uno o dos errores cuando les tocó ser padres de mi generación. Pero si ese es el caso, lo están compensando a base de enmendar los errores de la nuestra.

Así que no es fácil enseñarte lo que significa ser un hombre. La masculinidad se transforma. Ahí está el meollo del asunto.

Es casi imposible hablar del tema con otros adultos. Para ser una sociedad que reclama constantemente que no debemos hacer distinciones entre hombres y mujeres, pasamos mucho tiempo definiendo esas diferencias en detalle. El tema puede llevar a confusión. Y no me refiero a «confundir» en el sentido de llegar al supermercado y darte cuenta de que han vuelto a cambiar de lugar todos los productos. Cuando digo «confundir» me refiero a la sensación que provocó el oso polar que apareció en la primera temporada de *Lost*, y todos nos dijimos: «¿Qué demonios es ESTO? ¿Un OSO POLAR?». (Nunca has visto *Lost*. Lo sé. Pero digamos sencillamente que fue... extraño).

Sé que todavía estoy aprendiendo sobre lo que en realidad significa la palabra «desigualdad». Todos los días. Es mi obligación. Soy un hombre blanco, heterosexual, de Europa Occidental, con una buena educación y un trabajo. No hay un solo organismo en todo el universo que sepa menos sobre la desigualdad que yo.

Pero estoy tratando de aprender. Y espero que tú sepas más que yo.

Que nunca le tengas miedo a la justicia. Que nunca malinterpretes la lucha por la igualdad como una guerra entre los sexos. Que nunca creas que una mujer no merece los mismos derechos o libertades y oportunidades que tú. Espero que sepas que la gran mayoría de la gente no busca un trato especial, la mayoría de la gente no quiere que todo sea igual para todos, la mayoría de la gente quiere que las cosas sean JUSTAS para todos. Espero que entiendas eso mucho antes que yo. Y espero que nunca se te ocurra que sólo porque una mujer merece las mismas oportunidades que tú tienes dejarás de abrirle la puerta cuando puedas. Que nunca pienses que ser iguales y comportarte como un caballero son incompatibles. Porque como te enseñarán tus abuelas, eso es una tontería. Hay muchas cosas positivas que decir de la generación de hombres a la que pertenecen tus abuelos, pero no habrían tenido tiempo de aprender todo lo que saben sobre el mundo si las mujeres de esa generación no se hubieran ocupado de todo lo demás.

He hecho todo lo posible por enseñarte que nunca debes

sentirte amenazado por las mujeres fuertes. Yo me casé con la más fuerte que conocí.

El mundo tratará constantemente de decirte que es posible dividir las cualidades o habilidades humanas entre las categorías de «masculino» y «femenino». Pero quién sabe. Podría ganar una pelea contra tu madre. No sería exactamente «gorila contra oso», ¿sabes? Más bien «gorila contra koala».

Pero ella me destruiría en una carrera de cualquier distancia. Y ella es mucho más divertida que yo. Y entiende a la gente. Es alguien en quien todos confían. Podría nombrar cien personas que la seguirían ciegamente a la guerra. Por mi parte, yo apenas puedo conseguir que alguien me siga en Twitter.

En términos de inteligencia, sin embargo, es más difícil comparar. Quiero decir, por un lado, ella es sin duda más inteligente que yo, todo el mundo lo sabe. Pero por otro lado: conseguí que se casara conmigo. Así que todavía tengo la sensación de llevar un punto de ventaja sobre ella.

También me he dado cuenta de que ya has aprendido que tu capacidad para hacerla reír determina en gran medida tus posibilidades de salirte con la tuya cuando te metes en líos. Nunca pierdas esa habilidad. Te servirá de mucho. Es lo que me permitió llegar hasta aquí.

Y cuando ella se ríe, Dios mío. Nunca me siento más hombre que en esos momentos.

Así que... no es fácil enseñarte lo que es un hombre. Significa algo diferente para cada persona.

Cuando yo era adolescente, solían gritarme: «Ponte de pie como un hombre de verdad» en todo tipo de situaciones. Me llevó un buen tiempo, hasta ya cumplidos los veinte años, darme cuenta de que los hombres de verdad también pueden permanecer sentados, callarse y escuchar. Y admitir sus equivocaciones. Así que no cometas los mismos errores que yo. Cuando vayas a un evento deportivo nunca le grites a un atleta «¡juegas como mujercita!», como si esa palabra fuera la definición de debilidad. Un día, sostendrás la mano de una mujer mientras da a luz y eso te hará sentir más avergonzado que nunca en ninguna otra circunstancia. Las palabras importan. Intenta ser mucho mejor.

Y nunca permitas que nadie dé a entender que la masculinidad está ligada a la sexualidad. Si realmente quieres saber lo que significa ser un hombre, pregúntale a Gareth Thomas, que se puso de pie en los vestidores y les dijo a sus compañeros del equipo de rugby nacional de Gales que era gay. Puede que yo no sepa mucho sobre el mundo, pero sé con certeza que nadie en ese momento en el vestidor era más hombre que él.

Recuerda que siempre puedes llegar a ser lo que tú quieras, aunque eso no es tan importante como saber que puedes ser exactamente quien ya eres. Ojalá yo haya sido el prototipo deficiente. Ojalá me digas un millón de veces lo idiota que soy.

Porque no puedo enseñarte cómo ser hombre. Eso es algo que tú debes enseñarme a mí. Sólo así progresaremos.

Porque dicen que tarde o temprano, todos los hombres se convierten en sus padres. Y yo de verdad espero que ése no sea el caso.

Espero que tú seas mucho mejor.

Que nunca dejes de correr hacia la verja, riéndote, cuando uno de tus abuelos vaya a buscarte a la salida del preescolar. Que nunca dejes de hacerlos reír tan fuerte que las paredes tiemblen. Porque lo único que puedes dar a los hombres que ya lo tienen todo es una segunda oportunidad. Y tú eres todas sus segundas oportunidades. Todos los días.

Son duros y orgullosos. Cometen errores y tienen defectos. Pero todos los mejores atributos que conozco sobre ser un hombre los aprendí de ellos. Y ellos se transformaron en hombres diferentes cuando llegaste.

Hombres mejores.

Todos nos transformamos.

Interrumpimos esta transmisión para enviarle un breve mensaje a tu madre

Sí, quizás debí prestar más atención al hecho de que hemos empezado a darle comida de verdad al bebé. Y sí, estoy de acuerdo en que tal vez no escuché tan atentamente como debería tus explicaciones en torno a ese tema en particular.

Pero no me importa lo que digas. Porque si veo diez pequeños contenedores de Tupperware con puré de papas en el refrigerador, me los voy a comer. Porque es mi deber. Porque la evolución así lo exige. Y sobre todo porque me encanta el puré de papas.

¿Cómo iba yo a saber que eran para el BEBÉ? Hace unos meses considerábamos que la pizza para llevar era básicamente comida casera, ¿y ahora estás parada aquí, preparando tu propia comida para bebés? ¿Quién eres? ¿Mary Poppins?

¡Deja ya de ignorarme y ábreme la puerta! ¡Me estoy congelando aquí afuera!

El arte de impedir que tu orgullo sea un obstáculo para obtener un buen resultado

*Durante el tiempo en el que tu madre estuvo embarazada
y se suponía que no podía subir las escaleras.*

BUEN AMIGO: ¡Veo que Fredrik ya arregló la luz del baño!

TU MADRE: Sí... en realidad, no fue Fredrik. Fue mi papá.

BUEN AMIGO: Ah, ya veo.

YO: Deja de mirarme así. Yo... ¡yo tenía muchas otras cosas que hacer!

BUEN AMIGO: (*Aclarando la garganta*). Por supuesto. Por supuesto. De hecho, creo que habla muy bien de ti lo de permitir que tu suegro venga y arregle las cosas.

(Silencio incómodo)

YO: ¿Qué quieres decir?

BUEN AMIGO: Nada, es sólo que, ya sabes... la mayoría de los hombres nunca admitirían que no saben arreglar algo así por sí solos, ¿sabes? Probablemente no serían capaces de tragarse su orgullo y pedir ayuda a su suegro. La mayoría lo habría considerado como una amenaza a su masculinidad...

YO: ¿Qué quieres decir?

BUEN AMIGO: Nada, no me hagas caso.

TU MADRE: En realidad, te sorprendería saber que muy pocas cosas amenazan la masculinidad de Fredrik después de ir al baño a oscuras durante tres días.

Estará mal, hagas lo que hagas.
Así es como lo siento.

¿Has visto cuando después de meter el cochecito en el ascensor me doy cuenta de que me he olvidado algo en el apartamento? Y me voy rápidamente a buscarlo. Y mientras lo estoy yendo a buscar pienso: «Mierda, espera un segundo, ¿me dio tiempo a presionar el botón?». Y entonces, oigo que las puertas del ascensor se cierran. Y me doy cuenta de que tú y el cochecito están bajando solos.

Así que corro escaleras abajo, en pánico, aunque diciéndome que «no pasa nada, sólo tengo que ser más rápido que el ascensor». Pero en cuanto llego abajo, uno de los vecinos presiona el botón de su piso, las puertas se cierran justo ante mis ojos y el ascensor vuelve a subir.

Y me quedo allí parado.

Y me doy cuenta de que tengo dos opciones: puedo subir corriendo las escaleras. Y correr el riesgo de ser ese padre que no sólo deja a su hijo sin supervisión en el ascensor, sino que además no logra llegar antes de que los vecinos entren en el ascensor y salgan en la planta baja, se den cuenta de que no hay nadie allí, y llamen a la oficina de servicios sociales.

O también me puedo quedar aquí y esperar. Y ser ese padre que, además de dejar a su hijo sin supervisión en el ascensor, se queda ahí como si nada pensando: «Tranquilo, seguro que regresa...».

¿Has visto cuando pasa eso?

¿Podrías evitar esa expresión tan engreída cuando los vecinos te encuentren?

LO QUE NECESITAS SABER

SOBRE DIOS Y LOS AEROPUERTOS

Vamos a ver. Esto es un aeropuerto. Aquí es donde viven los aviones. Y ésta es la cinta automática del equipaje. Genial, ¿verdad? La usamos para no tener que ir nosotros mismos a recoger las maletas del avión. Simplemente nos quedamos aquí y las maletas llegan hasta nosotros. Como si fuéramos Harry Potter.

Seguramente te estarás preguntando por qué estamos aquí y por qué te digo esto.

(Pero en serio, ¡las maletas vendrán hasta donde estamos nosotros! Es como esa cinta para correr en el gimnasio pero para maletas. Cuando yo era niño esta tecnología era tan extraordinaria que era el plato fuerte de todo el viaje, pero adelante, tú mira con desdén a tu padre ahora, piensa que no había iPads ni porquerías de ésas en aquella época. ¡Así que, por favor, no me dejes aburrirte más con otros AVANCES REVOLUCIONARIOS para el beneficio de toda la HUMANIDAD!).

Sin embargo… esto es lo que pienso: a fin de cuentas, soy tu padre. Y según entiendo, la razón de ser de la paternidad es explicarte cómo funciona el mundo. ¿Cierto? Cierto. Y me parece que una de las preguntas típicas que todos los niños se hacen tarde o temprano es: ¿Por qué hay guerras? ¿Cierto? Cierto. Todos los niños quieren paz sobre la Tierra. La mayoría de los adultos también, supongo. Y ahí es donde se complica todo.

Si preguntas «¿por qué hay guerras?» de cada diez personas al azar, al menos la mitad te dirá algo así como: «Bueno, ya sabes, la causa de todas las guerras es básicamente la re-li-gión. ¡Eso lo sabe cualquiera!».

Entonces pienso, mientras estamos aquí hablando sobre las guerras, que tal vez debería hablarte sobre Dios también.

Sí, soy consciente de que la cinta de recepción de equipaje en el aeropuerto puede parecerte un lugar extraño para entablar una conversación sobre Dios. Pero quiero que le prestes mucha atención a la línea amarilla en el pavimento. Esa que dice POR FAVOR MANTÉNGASE DETRÁS DE LA LÍNEA AMARILLA. Nunca me siento más espiritual que cuando veo esa línea.

Yo nunca te diré lo que debes hacer en cuestión de religión. Eso queda entre Dios y tú. Mientras seas bueno con tu madre y no asesines ni robes ni te hagas aficionado del Manchester City ni cometas otros actos atroces como ésos, honestamente no me importa si tu sentido moral se basa en un antiguo libro o una caja de bizcochos. Pero en mi intento de explicarte cómo funciona el mundo, sería muy raro omitir el tema de la religión.

Mira, Dios es increíblemente importante para la gente. En particular para la gente que de hecho no cree en Dios. En mi experiencia, a nadie le gusta más hablar contigo acerca de Dios que a quienes aseguran que NO QUIEREN hablar contigo acerca de Dios. Y tarde o temprano alguno te mirará y preguntará «pero si Dios EXISTE, ¿entonces por qué hay GUERRAS?». Si estudias Religión o Filosofía en la universidad sabrás que éste es el denominado «problema de la teodicea» o «el problema del mal», pero si te encuentras en un bar es probable que se llame la discusión de «¿tengo-razón-sí-o-sí?».

Le he dedicado muchísimo tiempo a este tema. O sea, muchísimo. Tanto que pasé cuatro años y gasté una fortuna en préstamos para asistir a una universidad bastante decente en la cual estudié Religión y Filosofía tratando de encontrar una respuesta. Y esto es lo que saqué en limpio:

Dios creó a la gente. ¿De acuerdo? Incluso si no crees en Dios, simplemente asume que Dios creó a la gente. Bien. Y entonces la gente creó un montón de cosas. La mayoría eran porquerías inservibles. Y Dios dijo: «Esperen, ¿qué hacen con todas esas porquerías?» y la gente de inmediato se puso a la defensiva en plan: «¿Cómo? ¡Nada! ¡Son nuestras cosas! ¿A ti qué te importa?» y Dios intentó ser diplomático y respondió: «Muy bien, pero… ¿a dónde van con esa cosa? No parece muy segura» y la gente lo miró con exasperación y dijo: «¡Vamos a SALIR! ¿Quién te crees que eres? ¿La policía?» y Dios se disculpó diciendo algo tipo: «Perdón, no era mi intención… pero de verdad… no me parece que sea una buena idea» y la gente respondió: «Deja ya de ser tan sobreprotector, ¡que ya no somos NIÑOS! ¡Tú nos creaste hace, qué, QUINCE MINUTOS!» y Dios dijo: «Bueno, bueno, está bien, está bien». Entonces la gente sacó sus cosas, la mayoría porquerías, al mundo. Y al mundo... a decir verdad le sucedieron un montón de cosas malas. Y Dios dijo entre dientes: «Se los dije», pero ¿en algún momento la gente se detuvo y «vaya, pues sí, es culpa nuestra»? No. La gente inmediatamente plantó cara a Dios, muy enojada, comenzó a gritar: «¿Por qué no nos detuviste? ¿No podías detenernos? ¡TÚ TIENES LA CULPA!».

¿Entiendes? Porque así es la naturaleza humana.

Dios, si crees en Dios, era bastante buena gente, ¿sabes? Hizo canales de irrigación y creó jardines y se le ocurrió una manera de mantener la carne y las chuletas de cerdo frescas por más tiempo al darles piernas y llamarlas «animales» (La Mejor Idea). Y entonces Dios encendió todas las luces y dijo: «¡Aquí tienen la luz, aquí tienen un mundo, únicamente para ustedes!». Y la gente bostezó tranquilamente, se desperezó y se puso traje de baño, se hizo tatuajes tribales y salió a echar un vistazo. Al principio las cosas iban muy bien. Pero después de un tiempo la gente descubrió que, como pasa con todos los contratistas, Dios no había hecho todo EXACTAMENTE como la gente quería. Porque a la gente le gustan las cosas de CIERTA manera y «o sea, Dios nunca me escucha, porque, por ejemplo, o sea, a mí nunca me ha gustado el "azul celeste" y ahora todo el cielo es azul celeste, o sea, y ahora yo, ¿cómo se supone que debo vivir con esto? ¡O sea!». Y, por supuesto, la gente simplemente asumió que ella misma podría haberse encargado de este asunto de crear el mundo de mejor manera. Y entonces empezaron a meterle mano a la creación de Dios.

Y entonces Dios los miró y entre dientes dijo: «Por favor, no tiren de eso… así no funciona…», pero la gente ignorándolo dijo «de verdad que nos aburres con todo ese rollo» y empezaron a hacer gestos muy molestos con las manos. En ese momento, Dios se presionó las sienes y dio un paseo muy, muy, muy largo.

Mientras Dios estaba ausente, la gente decidió que quería más cosas. Ya tenía montones de cosas, pero resulta que todas esas cosas ya se habían convertido en porquería. Entonces la gente decidió deshacerse de todo. Al principio fue un proceso sumamente lento, pero entonces una mujer (o un hombre, pudo ser un hombre) descubrió el fuego. Y aquello funcionó de maravilla. El fuego se puso de moda. De hecho, se volvió tan popular que la gente, después de haber quemado sus porquerías decidió llevar el fuego de gira para quemar las porquerías de los demás. Esta gira recibió las mejores críticas. Alguien dijo: «Después de la grava, el fuego es el mejor resultado del choque de dos piedras». Pero como el fuego era difícil de llevar de un sitio a otro, tuvieron que pensar en una mejor opción de transporte. Entonces una mujer (¡o un hombre! No hay que asumir que fuera una mujer, ¡de vez en cuando a los hombres también se les ocurre algo!) inventó la rueda.

Pero de inmediato la gente contempló aquello con verdadero escepticismo y empezó a hacer preguntas: «Así que tú inventaste la rueda, ¿es así? A ver, ¿cómo vas a estructurar tu modelo de negocio? ¿Es expandible? ¿Es franquiciable? ¿Cuál es tu plan?». Pero de repente alguien más llegó, un tipo con barba y cuello de tortuga (y con «cuello de tortuga» me refiero a un suéter de cuello alto, no al pescuezo de una tortuga, eso sería demasiado raro, incluso para este relato), y pintó la rueda de blanco y comenzó a venderla al doble de precio en diferentes galerías de arte en Estocolmo. Y todos gritaron: «¡ES UN GENIO!» refiriéndose al hombre con suéter de cuello alto. Y el pobre tipo que inventó la rueda dijo para sí mismo «bueno, no pasa nada» y volvió a su taller.

Y así pasaron los años cuando un día, un par de mujeres (u hombres) estaban en el desierto con su rueda y su fuego, enterrando un cadáver (porque recuerda que un buen amigo siempre te ayuda a transportar un mueble, pero un gran amigo te ayuda a transportar un cadáver), y excavaron un poco más de la cuenta cuando de repente el suelo empezó a hacer pipí sobre ellos. Habían descubierto el petróleo.

Y obviamente fue espectacular. Volvieron de inmediato con el resto de la gente y chocaron sus palmas y alguien se acercó rápidamente con su fuego y dijo: «¡Esperen! ¿Qué pasa si lo combinamos con esto?». Y así lo hicieron. Y entonces alguien más dijo: «¿Pero qué pasa si lo combinamos con la rueda?». Y también así lo hicieron. Y entonces lo miraron preguntándose «bueno, ¿qué es eso?». Y entonces el hombre con suéter de cuello alto se apareció de nuevo, lo pintó de blanco y empezó a inventar palabras nunca antes escuchadas como «combustión» y «motor» y todos exclamaron: «¡ES UN GENIO!». Y se pusieron en marcha.

Obviamente aquello fue un descubrimiento fenomenal para la humanidad entera. Ahora la gente podía desplazarse en coches por todos lados prendiéndoles fuego a las cosas de los otros a cualquier hora, ¡incluso podían hacerlo en fila! Habían inventado el tráfico de la hora punta.

A la gente le encantaba la hora punta. Oh, cuánto les gustaba. Tanto que construyeron pequeñas cajas metálicas encima de las ruedas y los motores para poder estar ahí todo el invierno. Hicieron pequeños orificios redondos dentro de las cajas metálicas y crearon unos recipientes de papel que cabían perfectamente en los orificios, y en esos recipientes sirvieron un líquido negro, que también habían inventado, cuya única función era mantenerlos despiertos. Y bebiendo eso podían estar despiertos en medio del tráfico de la hora punta durante toda la noche. ¡Bravo!

Durante algunos años, por supuesto, aquello fue el paraíso.

La gente le sacaba provecho al día como nunca antes. Hasta que uno de ellos se pasó de ambicioso y descubrió que le podías agregar leche espumosa al líquido negro y llamarlo un *«latte»*, lo cual obviamente causó que todos se sintieran muy estresados y agitados ya que era imposible hacer que las vacas se sentaran dentro de las cajas metálicas en la hora punta. Y entonces algunos pensaron «TIENE que haber otra forma más eficiente de viajar».

E inventaron el avión.

Dios regresó de su caminata. Y desde las alturas observó a la gente y, en toda su benevolencia y divinidad, descendió a la Tierra donde se arrodilló y pintó una línea amarilla junto a la cinta de equipaje. Y Dios dijo: «Si todos y cada uno de ustedes se mantiene detrás de la línea amarilla, TODOS podrán ver cuando salgan sus maletas».

Pero uno de entre la gente (no diré si fue un hombre, pudo haber sido una mujer, pero siendo honestos, fue Robert, que es vecino mío) miró la línea amarilla y dijo: «¡Nooo! Yo quiero estar más cercaaa». Y así fue como Robert cruzó la línea. Y entonces todos los demás también cruzaron la línea. Y ahora nadie puede ver cuando salen sus maletas.

Y por eso tenemos guerras.

Porque la gente es increíblemente estúpida.

Es decir, no me importa si eres religioso o no. Tan sólo quiero que estés de acuerdo conmigo en que si no puedes poner a diez personas en un mismo lugar y decirles: «Si cruzas la línea amarilla te beneficiarás ligeramente, pero arruinarás todo beneficio a los demás; mientras que si te quedas detrás de la línea amarilla... ¡MALDITO SEAS, ROBERT!». En fin, creo que ya superamos el punto donde todo esto era la responsabilidad de Dios. ¿Estás de acuerdo?

Sé que en uno o dos años aprenderás a hablar y muy pronto entrarás en esa fase en la que, sin importar lo que yo diga, siempre preguntarás «¿y por qué?». Bueno, te puedo ayudar desde ahora mismo diciéndote que en el noventa y cinco por ciento de los casos la respuesta será: «Porque la gente es increíblemente imbécil».

¿De acuerdo? De acuerdo.

Así que en un par de minutos cuando tu madre llegue y pregunte por qué no hemos recogido nuestras maletas a pesar de que ya dieron dos vueltas, eso es lo que le diremos. No le diremos que nos distrajimos jugando a Minecraft en mi teléfono. ¿De acuerdo? De acuerdo.

Esto no va nada bien.
Lo sé perfectamente.

Estoy seguro de que los otros papás tienen alguna explicación pedagógica para esto.

Algo sobre las flores y las abejas y la cigüeña que viene de París y todo eso.

Pero bueno, ya ves. Me hice un lío con mi propia explicación. Fui demasiado ambicioso. Quise construir una historia real.

Debí optar por la sencillez.

Ya lo sé.

Pero comencé el relato con las palabras: «Entonces tu papá» y lo continué con la frase «no, espera, es mejor empezar así: Resulta que las cigüeñas viajan a...». Y bueno... aquí estamos. Si vas corriendo a preescolar y les cuentas a otros niños que tu papá le hizo esas cosas a una cigüeña, hay un verdadero riesgo de que arresten a papá. ¿Comprendes?

Por eso, es mejor empezar de nuevo. Y con el único objetivo de evitar malentendidos, voy a contártelo tal y como es. ¿Estamos de acuerdo?

De acuerdo.

Tuve sexo con tu madre.

Te va a tomar algunos años procesar esta información.

Lo siento. En verdad tendría que haberte dicho simplemente lo de las cigüeñas.

Te imagino un poco como el T. Rex en *Parque Jurásico*

A las cinco y media de la madrugada, cuando tienes la mirada fija en mí, hay un sólo pensamiento que cruza por mi mente.

El más pequeño... mínimo... movimiento.

Y mi fin habrá llegado.

Lo único que quiero decir es que todo esto de la paternidad venía sin manual de instrucciones

Pones un poco de saliva en la servilleta.

Entonces le limpias la cara al bebé con la servilleta. No le escupes directamente en la cara al bebé.

Perdón, fue mi error.

LO QUE NECESITAS SABER
SOBRE LO QUE LE PASÓ A LA JIRAFA
DE PLÁSTICO QUE CANTABA

En fin, es obvio que ahora esto no significa nada para ti.

Pero quiero que sepas que las cosas que la gente recuerda de su infancia son sin duda las más extrañas.

Ahora mismo son las tres y cuarenta y cinco de la madrugada un martes del año 2012 de Nuestro Señor. Aquí estamos tú y yo, una vez más. Entonces, ¿por qué no puedes comportarte como una persona normal en sus cabales y volverte a dormir? ¿Eh? Papá está un poco cansado, sabes. Papá no ha dormido en dos años. Y ahora esta situación comienza a recordarme cuando iba en el coche de tu abuelo dando vueltas y vueltas y más vueltas, ¿entiendes?

No, claro que no. No entiendes nada en absoluto. Pero a tu padre le duele la cabeza, por lo que sería muy amable de tu parte si, en vez de gritar, pudieras decirlo en voz bajita cuando te levantas y haces un desastre, sobre todo a estas horas de la noche que ni siquiera las *strippers* ni los narcotraficantes considerarían apropiadas.

Y sí, papá se da cuenta de que estás buscando la jirafa de plástico. Papá sabe que amas esa jirafa de plástico. La que baila tan chistosa cuando le presionas un botón en la parte posterior y canta «Oh My Darling» en perfecta sincronía. A un volumen altísimo. Cada vez que sin querer aprietas el botón con el pie. Como sucedió hace quince minutos, por ejemplo, justo después de que papá logró acostarte en tu cama, después de soportar tu mini exhibición de artes marciales mixtas por siete horas en todo el maldito apartamento. Y justo cuando papá estaba a punto de apagar la luz y regresar a su dormitorio, la maldita jirafa estaba en el suelo. Y papá se tropezó con ella. Y la música te despertó y te levantaste de la cama y rugiste: «¡AFA!».

Papá sabe cuánto amabas a Afa.

Y no es que papá haya... cómo decirlo... matado a Afa ni nada por el estilo. Papá nunca le haría eso a alguien que amas.

Pero Afa tuvo que mudarse, ¿entiendes? Ahora Afa vive en una granja muy bonita en el campo. Está mejor allí. A las jirafas de plástico les encantan las granjas.

Y sé que te preguntarás por qué. Pero tu madre... se volvió alérgica, ¿sabes? Así que deberás preguntarle a ella.

¿Podemos volver a la cama ahora? ¿Por favor?

Porque, como te imaginarás, no es que no me guste pasar todo este tiempo contigo. Por favor, que te quede bien claro. Tan sólo me gustaría que reserváramos un poco más del tiempo que compartimos para otra hora del día cuando haya algo bueno en la tele. Y no es que añore la época anterior a que tú nacieras. ¡En absoluto! Lo que intento decir es que, ya sabes, en aquel entonces dormía más. Y me gusta dormir. Se me da bien. El sueño y yo nos llevamos de maravilla. Cuando tu madre y yo nos conocimos, una de nuestras cosas favoritas era despertarnos el domingo por la mañana, intercambiar miradas, meternos de vuelta debajo de las mantas y dormirnos de nuevo. A veces, me levantaba y preparaba café solamente para poder volver a la cama y despertarme en un apartamento que olía a café recién hecho.

¡Ah, qué buenos tiempos!

Y de repente una mañana, apareciste allí, y un año más tarde, aprendiste a bajarte de tu cuna y me despertaste agarrándome la muñeca y golpeándome la cara con mi propio reloj. Igual que hacían conmigo los alumnos mayores cuando empecé la secundaria. «¡Ja ja ja! ¿Pero por qué te estás golpeando? ¡Miren a Fredrik, se está pegando a sí mismo! ¡Ja ja ja! ¿Por qué te estás golpeando?». Pues, lo mismo que me haces tú, pequeño matón. ¿Por qué me tratas así? ¿Qué te pasa?

Y encima tengo que levantarme y jugar con tus trenecitos o cualquier otra porquería de juguete porque no puedes esperar hasta mañana. Y es mejor que lo haga porque nunca te rindes. Es como si viviera con un pequeño vendedor de telemercadeo. Y ya lo sé, se supone que soy el padrazo amante de la diversión que juega a tu nivel y que aún tiene un lado infantil y todo eso. Pero hablando en serio: eres de lo más inútil cuando juegas con el tren. Y ojo, no te lo digo con la intención de destruir tu autoestima ni nada por el estilo, se trata tan sólo de darte un poco de crítica objetiva y constructiva. Eres pésimo para jugar con los trenes. Alguien tenía que decírtelo.

En primer lugar, haces que el tren circule en la dirección contraria. ¿Dónde queda el realismo? Y si no partimos de la realidad, ¿entonces para qué jugar con un tren? Si sólo vamos a imaginar cosas y jugar sin límites de la imaginación, ¿por qué no seguir así con todo? ¡En ese caso quiero duendes y gigantes y unicornios que les disparen a los duendes con balas de oro que salen de sus traseros! Pero no, tú te pones en plan de «¡mírenme, soy un salvaje y un loco, conduzco el tren AL REVÉS!».

En serio.

Si jugamos a los trenes, jugamos a los trenes. Y hay una manera correcta y una manera incorrecta. Así son las cosas. Así que vuelve a poner el caballo en el vagón del restaurante. (Sí, ya sé que tu madre opina que no está bien. Pero de verdad, ¿en qué otro vagón pondrías un caballo si no es en el vagón del restaurante?) Y no pongas esa cara de enojado. El tren está parado en el túnel porque no funciona la señalización. «Problemas técnicos». Tendrás que aceptarlo. Y luego, el tren debe dirigirse muy lentamente a la siguiente estación porque hay hojas de árboles en las vías, ¿ves? Pero si lo prefieres, yo puedo ser la compañía ferroviaria y tú puedes ser el departamento de gobierno responsable de mantener la infraestructura, y podemos decir que nos estamos culpando mutuamente en los medios de comunicación después de que algunos pasajeros murieron congelados en el túnel. ¡Será muy divertido!

¿Lo ves? Esto va de maravilla. Estamos afianzando nuestra relación aquí, tú y yo.

Bueno, hasta que empiezas a sacar a todos los pasajeros del tren y tratas de apretujarlos en tus coches de juguete. ¿No has oído hablar del cambio climático? ¡Perdón, pero a veces es como si no te importara en absoluto tu huella ambiental! Y claro, después tengo que volver a poner a cada uno de los pasajeros en el tren, pero tú les perdiste el equipaje, ¡y esto terminará siendo una pesadilla de demandas! ¿A dónde vas?

¿Qué te pasa? ¿Estás enojado?

¡Espera! ¿Es porque no entendiste mis referencias de la cultura popular cuando canté algo de Soul Asylum?

¡Muy bien! ¡De acuerdo! Son las tres y cuarenta y cinco de la madrugada y papá no ha dormido desde que naciste, ¡ah, pero por supuesto resulta que tú eres la víctima! ¡Qué te parece! Si los vampiros de *Crepúsculo* hubieran visto a tu papá en este estado, habrían murmurado: «No bebas la sangre de ese tipo, Edward, parece enfermo». Pero mejor te compadecemos a ti, ¿no?

Está bien. Dejemos los trenes. ¿Ya podemos irnos a la cama?

¿Por favor?

No, ya en serio.

Te lo suplico.

No tienes idea de lo mucho que tu papá espera que tengas la edad suficiente para entender el sistema monetario, para que de esa forma te dé cien dólares y tú te quedes tranquilo y permitas que tu papá duerma en paz. Tu papá ya no puede más. Tu papá aún no sabe si tu maestra de preescolar va a denunciarlo a la policía por preguntar a qué edad aproximada se considera razonable disparar dardos tranquilizantes a los niños. La gente habla de «métodos científicos para dormir a los bebés», pero en este caso ya no hay otro remedio. Papá está leyendo un libro muy bonito sobre cómo los cazadores en Australia matan a los cocodrilos de agua dulce, ¿entiendes a lo que voy?

Ah, y otra cosa: realmente no confío en tu maestra de preescolar. Vaya que es una tipa rara. Una vez la vi entrar en una habitación con dieciséis niños de dos años y, después de mirarlos a todos, les dijo: «Duérmanse». ¡Y en seguida, ustedes SE DURMIERON! Asombroso, ¡una escena salida de *X-Men!*

Pues eso no está bien, señorita. Nada, pero nada bien.

Espera, ¿a dónde vas ahora? ¡Nos vamos a la cama! No, ni se te ocurra sacar los carritos de juguete ahora, porque tu papá se pondrá a llorar. «Tengan hijos», me dijeron. «Será divertido». Sí, es tan divertido como tratar de calmar una manada de antílopes asustados con un estroboscopio. ¿Por qué los niños odian dormir? ¿Por qué? ¿Sabes que por ahí leí en una revista que los niños permanecen despiertos con el padre que más les agrada, para mantenerlos en la habitación el mayor tiempo posible? En serio, si no estuviera tan EXHAUSTO ya me habría ido a la oficina de esa revista para partirle la cara al cretino que escribió ese artículo.

Porque los dos sabemos que te llevas mejor con tu madre. Yo también. Es lo mejor que nos ha pasado a los dos. Y ésa es la razón principal por la que deberías guardar silencio.

Porque yo sí puedo soportar esto, es decir, que tú y yo estemos despiertos toda la noche. De verdad. Puedo soportar los biberones hirviendo y las malditas jirafas de plástico y la IMPOSICIÓN de alinear todos los animalitos de peluche en el orden exacto de tamaño antes de la hora de acostarse. No duermo lo suficiente, tengo migrañas, se me olvidan las cosas, estaciono en el espacio equivocado en el garaje y me quedo parado en la escalera de vez en cuando insultando a los incompetentes que instalaron las cerraduras en nuestros edificios hasta que el vecino abre la puerta y se pregunta por qué demonios estoy tratando de entrar en su apartamento. A veces, confundo la leche maternizada con el batido de proteínas. Y UNA VEZ que tomabas una siesta confundí la puerta del balcón con la de tu habitación y te acosté en las sillas de la terraza. Pero me di cuenta y te metí después de quince minutos, apenas comenzaba el invierno escandinavo, estabas prácticamente bien. Y nadie sabrá nunca lo que sucedió, ni nadie me denunciará en la oficina de protección a los menores, bueno, siempre y cuando no se me ocurra escribir esa anécdota en un libro.

Yo sí puedo aguantarlo. No es necesario que yo duerma.

Pero por favor, no quiero que despiertes a tu madre. ¿De acuerdo?

Porque... con toda honestidad, ésa es una de las pocas cosas concretas que puedo hacer por ti y por ella. Sí, ya sé que suena patético. Pero ella hace tanto más que yo. Con nuestras vidas. Contigo. Con nosotros. Y, por lo menos, quisiera darle eso a cambio.

Ella es infinitamente mejor que yo en la crianza. Ella entiende perfectamente lo que quieres decir cuando estás parado en el pasillo gritando y divagando de manera incomprensible como un Ewok borracho. Ella sabe qué tipo de ropa debes usar cuando hace frío. Ella lleva un seguimiento de los documentos médicos y se asegura de que tengamos vitaminas, se inclina y me besa el cuello mucho antes de que me dé cuenta de cuánto necesitaba que hiciera eso en ese preciso momento. Tiene tantos aspectos fantásticos que tú aún no has llegado a conocer, que aún no tienes la edad suficiente para comprender. Oh, cómo te va a encantar conocerla. Sus rincones y grietas y pequeñas esquinas secretas y pasillos sinuosos y puertas de armario que crujen. La forma en que vive cada sentimiento en su cuerpo hasta la eternidad, ida y vuelta.

La forma en que ella nos ama: incondicionalmente.

Es verdad que de vez en cuando nos grita si nos sentamos en el sofá nuevo sin pantalones o cuando dejamos toallas mojadas en el suelo del baño. Cuando derramamos mayonesa en la alfombra o manchamos su bolso con helado. Pero tu madre nos defendería de una manada de lobos si fuera necesario. Ser uno de sus chicos es una bendición inexplicable. Por eso es nuestro deber demostrar que la merecemos. Todos los días.

Porque cuando estás con ella, siempre es domingo por la mañana. Y ló ÚNICO en lo que soy mejor que ella es en soportar la falta de sueño. Dejo el carro en el espacio equivocado cuando estoy cansado, pero cuando ella está cansada conduce al trabajo equivocado. Cuando yo paso una mala noche, ella encuentra el queso en el congelador, pero cuando ella pasa una mala noche, yo encuentro la nevera en el sótano. Ella es mejor en todo lo demás, pero después de nacer tú nos dimos cuenta de que esa era el área en la que yo tenía más resistencia que ella. La única.

Le debemos eso, tú y yo. Por todo lo que ella hace por nosotros cada día, debemos concederle eso. Tenemos que dejarla dormir por la noche para que cuando se despierte, se sienta como si fuera domingo por la mañana.

Ojalá lo entiendas.

Por eso estamos sentados tú y yo aquí viendo dibujos animados y jugando con tus trenes. Una vez más. Papá sabe que a veces se comporta como un imbécil, pero papá está sólo… cansado. Papá lo intenta. Lo intenta de verdad. Porque papá te ama. Y sí, papá se disculpa por lo de Afa. Papá sabe que amabas a Afa. Y papá TE AMA. Pero Afa está en un lugar mejor. O al menos, papá está en un lugar mejor porque Afa está en otro lugar. Porque hay límites, ¿sabes?

A las tres cuarenta y cinco de la madrugada, hay límites.

Sí, quiero hacerlo bien. Quiero ser el tipo de padre que logra que su hijo se duerma. Quiero ser un buen padre. No quiero fallarte.

Por eso a las tres y cuarenta y seis, cuando te duermes con el peso de tu cabecita en mi brazo y esa locomotora roja de juguete en tu mano, yo estoy aquí despierto, mirándote.

A veces, cuando era muy pequeño, tu abuelo me llevaba con él en su coche. Vueltas, vueltas y vueltas. De verdad, no sé a dónde íbamos. Había que recoger cosas. Había que llevar cosas. Hablábamos poco. Es más, tu abuelo y yo casi ni hablábamos cuando yo era pequeño. Y cuando me hice mayor pensaba que esos viajes en coche habían sido aburridísimos. Me sentaba junto a tu abuelo en silencio mientras él conducía, ¿sabes?

No fue hasta después de que naciste que me di cuenta de que quizás fueron algunos de los mejores momentos de mi infancia, tanto para mí como para tu abuelo. Porque eran nuestros.

Y cuando seas mayor, los recuerdos de noches como ésta serán los que más voy a atesorar. Para entonces habré olvidado los dolores de cabeza y los improperios. Recordaré los trenes. Recordaré cuando aprendiste a abrir el congelador y te sentaste en tu carpa de juegos lanzándome cubitos de hielo mientras yo intentaba meterte en la cama. Cómo me partí de la risa aquella vez que quisiste que te persiguiera, y después de recorrer todo el apartamento, terminaste escondido dentro de una maleta en el armario sin tener idea de cómo salir. Y luego, cuando te liberé, dejaste caer un cubo de hielo dentro de mi camiseta por primera vez. Tu expresión en ese instante. Esa risa. Eso es lo que recordaré. Esas horas fueron nuestras.

Y Afa.

Las cosas que recuerdas de la infancia.

Sin duda las cosas más extrañas.

El arte de elegir tus tareas

Cuando tu madre y yo limpiamos el apartamento, yo podría optar por la salida fácil y cobarde. Tú lo sabes. Yo lo sé. Pero ¿de verdad somos ese tipo de hombre, tú y yo? Yo digo que no.

Así que cuando es el día de la limpieza general del apartamento, me arremango la camisa y me voy sin miedo a la habitación más difícil de limpiar. Sin dudarlo.

Sí. Has oído bien: elijo el baño. Voluntariamente. Me lanzo sobre esa granada. Porque ése es el tipo de hombre que soy. Un hombre sin miedo.

Y permíteme decirte que no me limito a «limpiar» el baño. Cualquier hijo de vecino puede «limpiar» un baño. Yo elevo la limpieza a la categoría de arte, a un meticuloso trabajo artesanal que se ha transmitido de un Backman a otro Backman durante generaciones. Una habilidad sublime. Algunos incluso dirían que es una verdadera vocación.

Nadie aprende a ser un magnífico limpiabaños. Se nace así.

Comienzo por sacar todos los objetos sueltos. No tolero nada que pueda caerse cuando aplico mi lavado de alta presión, cuando comienza mi dictadura sobre ese minúsculo reino.

Después de eso, friego las baldosas con tres tipos diferentes de detergente. Limpio el espejo hasta que la imagen del espejo tiene su propio reflejo en el espejo. Lustro los grifos de metal con pasta de dientes hasta que su brillo no pueda contemplarse sin arriesgarse a sufrir de ceguera permanente. Limpio la ducha tan meticulosamente que el Comité Olímpico Internacional solicita realizar en ella competiciones de patinaje artístico.

Limpio el interior del armario bajo el fregadero. Limpio los tubos de desagüe. Raspo la moldura de goma con un cepillo de dientes. Hago que Mr. Clean parezca tan débil que él mismo se entregaría al Departamento de Salud, ¿entiendes lo que quiero decir?

Y una vez que termino de hacer todo eso, ¿sabes lo que hago después? ¿No lo sabes? Pues lo hago todo de nuevo. ¡Sólo por asegurarme de que todo esté perfecto!

Una vez que termino con la ducha, brilla tanto que una bandada de cuervos intenta robársela. Y cuando completo esta complicada tarea, cuando todo llega al final, cuando salgo del baño como un soldado victorioso de la batalla, cuando regreso de la batalla galáctica que es la limpieza, y no sólo realizada por un hombre sino por un Backman, ¿sabes lo que pasa entonces? Que me encuentro a tu madre en la sala. La mujer por la que vivo y muero. Y me mira y dice:

«¡Genial! ¡Simplemente genial! ¡En las tres horas y media que has pasado en la ducha, yo he limpiado todo el apartamento sola! ¡¿Sabes lo injusto que es eso, Fredrik?!».

No digo que sea la única razón por la que la amo

Mientras esperamos para pedir comida para llevar en un restaurante, un grupo de cincuentones con chaquetas demasiado holgadas y auriculares Bluetooth se nos adelanta en la fila.

Y me molesta. Y tu madre me dice que, por favor, no haga
un escándalo. Y me enojo aún más.

Y uno de esos hombres se da la vuelta. Nos ve. Cruza la
mirada con la de tu madre, ahora claramente consciente de que
se nos han puesto adelante. Se vuelve y finge que no ha pasado
nada.

Y le toco el hombro. Y me ignora. Y quiero golpearle. Y tu
madre me lo prohíbe.

Y después ella saca su teléfono, sale a la calle y hace una
llamada. Y cuando vuelve a entrar, alguien grita: «¡Número
sesenta y cuatro!» desde detrás del mostrador. Y tu madre dice:
«¡Aquí!» y se abre paso por la fila de gente dando codazos, toma
la comida y paga. Y al salir, mira a cada uno de los cincuentones directo a los ojos y les sonríe.

La miro y le digo: «¿Acabas de llamar al restaurante para pedir la comida mientras estábamos en la fila?».

Se encoge de hombros sorprendida y dice: «¿Acaso no es lo que hace todo el mundo?».

No digo que sea la única razón por la que la amo.

Pero desde luego es una de ellas.

**No digo que tengas que querer a papá
más que a mamá. Claro que no.
Sólo estoy presentando los hechos.**

«Nada con espadas». Nada. Con. Espadas.

¿Qué tipo de persona se sienta con su amorosa familia el día de Año Nuevo para ver una película y dice algo así?

¿Se puede confiar en ella?

Piénsatelo bien.

LO QUE NECESITAS SABER
SOBRE POR QUÉ ME ODIA LA MADRE
DE ESA NIÑA, FELICIA

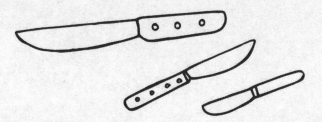

Sí, ya sé que te cae bien esa niña, Felicia. Pero la situación es la siguiente. La madre de Felicia piensa que tu papá es un poco idiota, ¿sabes? Así que lo más probable es que en el futuro próximo no vayamos a jugar mucho con ella.

Me miras como si quisieras una explicación.

Bueno, antes que nada, permíteme decirte que todo este asunto de la paternidad en realidad no es tan fácil como parece. Existe toda una serie de aspectos nuevos que tienes que tomar en consideración. Por ejemplo, el azúcar. Hay personas de aspecto perfectamente estable que si les hablas de los niños y el consumo de azúcar, de repente se ponen a gritar como universitarios furiosos. Lo digo en serio: en una ocasión mencioné, entre broma y broma, que una vez nos quedemos tú y yo solos antes de Navidad, cuando tenías dieciocho meses, y nos bebimos juntos una jarra extragrande de «Inspección de Salud Escandinava» (se hace con vodka y Dr. Pepper, ya hablaremos de eso cuando seas mayor). El padre de ese niño William estaba, de hecho, más enfadado porque te había dado ese refresco edulcorado que porque te di alcohol.

Me imagino que no fue de gran ayuda que durante algunos días te sirviera la leche con el biberón envuelto en una de esas bolsas de papel marrón que se usan para disimular las latas de cerveza.

Y definitivamente tampoco ayudó que tu madre no pudiera contenerse y le dijera a uno de los otros padres: «Arriba, abajo, al centro y adentro», cuando se te cayeron unas gotas. (Así que esto es en gran parte su responsabilidad).

Pero no es mi intención echarle la culpa. Tampoco quiero decir que era más fácil ser padre hace cincuenta años ni nada por el estilo. Sin embargo, sí creo que las reglas del juego estaban más claras entonces. Hoy en día resulta muy difícil distinguir entre lo que es socialmente aceptable y lo que no. Cuando tenías más o menos seis meses, por ejemplo, una enfermera nos dijo que no debíamos dejarte «dormir mucho rato en la tarde para no interrumpir los ritmos circadianos de descanso». Se consideró perfectamente aceptable que tu madre dijera: «Bueno, tampoco queremos "despertar" a un niño que cada vez que cierra sus ojos cae en estado de criohibernación como en *Avatar*». Hasta la enfermera se echó a reír.

Pero no se consideró nada aceptable que yo añadiera: «Sí, sí, o sea, ¡en serio! ¡Ni siquiera un grupo de guardias de prisiones con las cámaras de vigilancia desconectadas lograrían mantener a este niño despierto!». No se consideró aceptable en absoluto.

¿Ves lo que te quiero decir? A veces no es fácil distinguir cuáles son los límites.

Y cuando en tu siguiente consulta médica la misma enfermera nos explicaba que por las noches estaba bien reducir poco a poco la cantidad de comida, mientras nos sugería «diferentes métodos para reducir el apetito», yo pregunté si eso significaba enseñarte a fumar o algo así. Tampoco eso se consideró aceptable.

Hay un montón de reglas no escritas para los padres. Se supone que uno debe ser un buen modelo a seguir. No blasfemar. Saber que se llama «corralito» y no «octágono». Que cuando las maestras de preescolar dicen «los dulces de la naturaleza», se refieran a las pasitas y no al tocino. Y que cuando los padres de otros niños hablan sobre los efectos de la televisión y, con voz amable pero firme dicen que: «De hecho, hay investigaciones científicas» que demuestra por qué la televisión es dañina para los niños, en realidad se refieren a todos los programas de televisión. No sólo los malos. Todos los programas de televisión.

Incluso *Juego de tronos*.

Inlcuso ahora sigo un poco perdido en todo este asunto. Cuando la enfermera nos consultó si teníamos «preguntas adicionales con respecto a la salud del bebé» y yo aproveché la oportunidad para preguntarle a qué edad se puede saber si un niño es diestro o zurdo. Y la enfermera preguntó: «¿Por qué?». Y yo le dije: «Para saber si va a militar en la derecha o en la izquierda». Yo creo que fue una pregunta legítima. Pero no estoy tan seguro. A partir de entonces la enfermera se limitó a dirigirle la palabra sólo a tu madre.

Los límites en referencias a la cultura pop se complican cuando se socializa con otros hombres después de la etapa reproductiva. Uno pensaría que un buen tema para romper el hielo durante las presentaciones el día de la reunión de padres en preescolar sería comentar que durante casi toda la segunda temporada de los *Teletubbies* a Po se le marcaba un *cameltoe* muy provocador, ¿no?

Pues no.

De verdad lo lamento.

Ser buen padre es difícil. Hay que pasar por una larga serie de pruebas y errores. En mi caso, mucho más de lo último. Cuando me critican, bromeo compulsivamente, quizás ya te has dado cuenta, es un defecto de mi personalidad. Y si hay algo que nunca falta cuando eres padre es gente que te critica. Porque hoy en día los niños no son sólo niños, sabes, ustedes se han convertido en un rasgo de identidad que nos confiere el título de «padre de familia». Nadie sabe exactamente cómo llegamos a esto. Diez mil años de experiencia sexual y de repente a mi generación se le ocurre que vamos a salir de la sala de maternidad cargándolos como si fueran la Copa del Mundo. Como si nosotros fuéramos la primera generación en la historia de la humanidad que descubrió cómo funciona la reproducción.

Creo que ahora ya ni siquiera tenemos que ser «buenos»

padres. Eso ya quedó atrás. A estas alturas nos conformamos con «no ser horribles». Lo único que queremos es que en veinte años sus psicólogos adviertan con voz queda que no es del todo culpa nuestra.

Y una de las pocas maneras en que nos convencemos a nosotros mismos de que en realidad somos unos padres aceptables es haciendo que los demás parezcan malos. Y vaya que podemos ser increíblemente creativos si de eso se trata, déjame decirte. Si no es la comida o los juguetes o que el niño a veces tiene que quedarse en la guardería pasadas las tres y cuarto de la tarde (¡¡¡LAS TRES Y CUARTO!!! ¡Como si te hubiera abandonado en el bosque para que te criara una manada de LOBOS!), entonces es el plástico inorgánico en cualquier maldito mueble que no ha recibido la correspondiente certificación de cierto organismo de la Unión Europea. «¿Qué? ¿Dejaste que tu hijo jugara con ESO? En fin, yo prefiero que a mi hijo no le dé cáncer cerebral… pero entiendo que cada uno cría a sus hijos a su manera, ¿no?». Así es como los padres nos criticamos.

Encontramos a un pobre desgraciado que no se da cuenta de que si no lava la ropa a nueve mil grados antes de usarla por primera vez, el niño desarrollará alergias mutantes y morirá. Como si así hubiera evolucionado la humanidad hasta llegar a ser la especie dominante en la Tierra. Como si viviéramos en cavernas y envolviéramos a los recién nacidos en pieles de mamut, y si esa piel de mamut no hubiera pasado antes por la tintorería, entonces el niño habría muerto. Como si hubiéramos sobrevivido por esa razón, un planeta donde ni siquiera los dinosaurios pudieron aguantar tanta presión.

Y si no es por eso, pues por otra cosa. Hacemos quedar mal al otro al preocuparnos de más, o lo hacemos al preocuparnos de menos. Por ejemplo, cuando la gente, por mera obstinación, se transforma en ese tipo de padres *cool* y relajados con lentes de sol y tatuajes en la espalda y café orgánico y libros sobre «crianza en libertad» en sus bolsas de lienzo, y que dicen: «A los niños hay que dejarlos ser niñoooos, ¿sabes? O sea, tómatelo con calma, ¿okey?». Mientras tanto, a sus espaldas, su angelito de cinco años con pelo de mohicano y nariz perforada intenta meter a su hermanita en una botella de cerveza. O también puede ser uno de esos padres idiotas que en una cena permanece sentado mostrando aires de superioridad mientras los demás padres cuentan cómo en Navidad los niños preferían jugar con la caja de cartón en vez de los juguetes. Y alguien se carcajea diciendo: «¡La próxima Navidad nada más les voy a comprar una caja gigante!» y todos excepto aquel tipo se mueren de risa. Y alguien más vocifera que a su hijo lo que más le gusta es jugar con el Tupperware en la alacena de la cocina. Y todos excepto aquel padre idiota piensan que es graciosísimo.

Y entonces alguien alegremente le pregunta a ese padre si su hijo juega con algún objeto inusual, y por supuesto él tiene que sentirse malditamente especial y contestatario y anti- sistema, así que responde: «Sí, con cuchillos».

No estoy diciendo que yo haya sido ese padre.

Pero esa historia explica hasta cierto punto por qué ya no te dejan jugar ni con Theodor ni con Smilla.

Pues eso: no es tan fácil como parece, todo este rollo de ser padre, hago lo mejor que puedo. Voy al parque. Hablo con los otros padres. Niego con la cabeza y exclamo: «¿¡Nooooo!?» cuando me cuentan sobre algún otro padre de algún otro niño al que le salió no sé qué sustancia verde por el recto o cualquier otra estupidez que no me importa en lo más mínimo aunque lo intente. (Créeme, lo he intentado con todas mis fuerzas). Trato de ser atento. Sensible. Empático. Me enardezco con escándalos como el de las vacunas contra la gripe porcina o el de la falta de profesores cualificados y todo eso, esa vez en que se detectó un tipo de veneno o no sé qué cosa en las paredes de la guardería y teníamos que recordar algo cuando hacíamos no sé qué otra cosa. ¡Estoy esforzándome! Pero es que son muchas cosas en qué pensar.

Y eso que dicen de que a uno «no le interesan los niños hasta que no tiene sus propios hijos» es una gran mentira. A mí sólo me interesó uno (1) cuando tú naciste. Sigo creyendo que los demás niños son muy molestos.

Y sí, ya sé que por lo general el problema soy yo. Que no escucho y que no me tomo las cosas en serio.

Como cuando los periódicos publicaron lo de las salchichas infestadas de bacterias que podían ser peligrosas para los niños pequeños. Y la mamá de la tal Felicia se encontraba muy agitada porque la guardería no podía garantizarle que no se servirían salchichas en las excursiones escolares. O en cualquier otra parte. Nunca. Y yo pregunté, para ser exactos, cuáles eran los riesgos de salud de esas salchichas, y la madre de Felicia exclamó: «¡Meningitis!». Y yo dije: «¡Pues entonces sí vale la pena el riesgo!». Y ella se enfadó mucho. Pero mucho.

Lo entiendo.

Tal vez no debí haber sugerido que la madre de Felicia «se tomara un Prozac con una copa e intentara ser un poquito *hakuna matata*». Quizás no debí decir eso.

Y unas semanas más tarde, en invierno, ella estaba muy preocupada por el norovirus e insistía en que los niños no debían tener contacto entre ellos, ni siquiera tocarse con la ropa. Y fue justo esa mañana cuando tú me despertaste de un golpe en la cara con un cochecito de juguete y me hiciste sangrar por la nariz. Pensé que ya se me había detenido la hemorragia. Entonces llegamos a la guardería. Y estornudé en el guardarropa.

Nunca debí haber estornudado en el guardarropa. Pues bueno. Ya lo sabes.

Sé que te gusta esa niña, Felicia.

Pero las cosas están como están.

Sólo fue una sugerencia

Muy bien. Fue anoche. 11:30 p.m.

Estaba muy, muy, muy cansado. Tú corrías sin parar, gritando algo que sonaba como lo que se gritan entre sí los *hooligans* alemanes borrachos cuando están muy contentos. Y entonces te detuviste. Fuiste a la cocina. Volviste. Asumiste la posición y procediste, con lo que sólo puedo describir como una expresión facial de completa indiferencia, a vaciar un yogurt dentro de un cajón. Sin explicación alguna.

Y lo único que dije en ese momento fue que tú sueles quedarte dormido cuando damos un paseo en el coche. Y luego la amiga de tu madre, que estaba de visita, se echó a reír y dijo que sí, pero que tristemente los bebés siempre se despiertan cuando llegan a casa y hay que sacarlos del asiento del coche.

Y ahí fue cuando dije que podíamos dejarte dormido en el coche porque estaba seguro de que la recepción del monitor para bebés llegaba hasta el garaje.

Lo dije en broma. Bueno, casi en broma. Al menos una pequeña parte de lo que dije no era en serio.

Así que si algún agente de servicios sociales se presenta en tu preescolar hoy y empieza a hacer preguntas sobre ese asunto, ya sabes de qué se trata.

Los hijos del zapatero caminan descalzos

Admito que fue mi culpa.

Pero déjame explicar que todo este proceso de ponerle el abrigo a un niño en la mañana es un poco como intentar ponerle un uniforme de portero de *hockey* a un mono enojado al que acaban de enjabonar después de darle de comer chiles jalapeños.

No estoy poniendo excusas.

Pero estarás de acuerdo con que esta mañana las cosas estaban un poco agitadas. Y tampoco es que tú vayas caminando a la escuela. Te llevamos en tu estúpido cochecito. Cubierto por una manta de peluche que se abrocha a los lados como si fuera una maldita bolsa de dormir. No había una sola persona en toda el área metropolitana de Estocolmo más calentita que tú esta mañana.

Así es como es.

No es una excusa. Sólo quiero decir que...

Pero de acuerdo.

De acuerdo, de acuerdo. Está bien.

Cuando estamos a diecinueve bajo cero y yo te levanto y te saco del cochecito a las puertas del preescolar, frente a media docena de padres y todo el personal, y te coloco justo sobre un montículo de nieve. Y tardo quizás unos treinta segundos en darme cuenta de que no llevas zapatos.

Eso no me hace quedar como el padre más competente que digamos. Lo entiendo.

La verdad es que estoy teniendo un día de ésos.

Nota recordatoria

A los hombres que vuelven al trabajo después de su licencia por paternidad no les gusta que les den la bienvenida de sus «vacaciones».

LO QUE NECESITAS SABER

SOBRE EL BIEN Y EL MAL

Hay personas que afirman que nadie nace malvado. Incluso hay quienes afirman que no existe la gente malvada. No soy un erudito sobre el tema, por eso no puedo darte un dictamen definitivo sobre el asunto. Sólo sé que en el mundo hay hijos de perra. Y de ser posible, me gustaría que no crecieras y te convirtieras en uno de ellos.

Lo único que realmente me gustaría ser capaz de enseñarte es a ser amable. Que no seas un imbécil. Hazme caso sobre este asunto en particular, porque tengo mucha experiencia en ser un imbécil. Tengo un doctorado en imbecilidad.

Una de las cosas básicas sobre cómo funciona el mundo es que en todos los grupos de los que formes parte, no importa si estás en un parque de juegos o en la oficina de una agencia de publicidad con ventanas panorámicas, conocerás a personas que constantemente clasifican al resto en dos grupos: los fuertes y los débiles.

Pero entre esos dos grupos hay una brecha y en esa brecha caben otras diez personas. El grupo más peligroso. Al que le aterroriza derrumbar las jerarquías. Y esos diez siempre golpearán y patearán a los de abajo porque es la única dirección en la que saben patear. Todos encontrarán siempre una excusa, la que sea, para arrinconar a quien sea más débil que ellos.

Yo soy como cualquier otro padre. Me aterroriza que seas tú el niño en el rincón del patio. Me aterroriza tanto que seas tú quien reciba los golpes como que seas tú quien los dé. Yo he visto las dos caras de la moneda, y, aunque duela en diferentes lugares, es el mismo tipo de dolor.

Tenemos que hablar del bien y del mal. Porque es el tipo de cosas que los padres hacen con sus hijos, creo yo. Aunque, si te soy sincero, no tengo la menor idea de por dónde empezar. Así que te voy a contar un cuento. Porque te gustan los cuentos, ¿verdad? A ti y a todo el mundo.

Bien: te advierto que no me sé muchos cuentos, así que te haré el relato de uno de los pocos que conozco. El que más me gustaba cuando era niño. Y quiero que te centres en su moraleja. Porque la moraleja es importante.

Comencemos: Érase una vez un luchador cuyo nombre artístico era el Enterrador.

El Enterrador vivió hace mucho, mucho tiempo en un reino muy, muy lejano llamado Estados Unidos. Hace muchísimo tiempo, como en los años noventa. Y en ese reino, lo que todos los luchadores más anhelaban era participar en el gran torneo de la WWE frente a miles de personas y derrotar a un oponente con peinado horrible y poder lucir el cinturón dorado del campeón. Año tras año, desde tiempos inmemoriales, dos reyes malvados, Bret Hart y Shawn Michaels, ganaban siempre ese torneo. Algunos incluso decían que eran invencibles. Pero cuando el Enterrador entró al cuadrilátero por primera vez, ¡oh, deberías haberlo visto entonces! Él devolvió a los espectadores la esperanza de que el mundo podía ser un lugar mejor. Era un héroe en un mundo de villanos. Un tipo grande como un tractor. Y tenía un remate que... disculpa, espera. Tal vez deberíamos empezar desde el principio. Te explico, el «remate» es una forma característica de noquear a tu adversario. Todos los luchadores tenían un remate característico en aquel entonces. Es el tipo de cosas que se aprenden en las clases de lucha. Es un golpe, o una llave de estrangulamiento, tan efectivo que no hay forma de recuperarse. Como si fuera un tanque. O un tanque que dispara fuego. O un punto final, el fin absoluto, con el letrero de «no se aceptan devoluciones».

¿Entiendes lo que quiero decirte? No hay nada como el letrero de «no se aceptan devoluciones».

Sigamos con nuestro relato: el Enterrador tenía un remate que se llamaba «la perforadora de tumbas», en el que colgaba a su adversario cabeza abajo. Tu madre me insiste en que tal vez no sea conveniente que a tu edad conozcas absolutamente todos los detalles. Y quizás tenga razón. Bueno, tendrás tiempo de sobra para aprender. De todas formas, imagínate que tuvieras algo atorado en la garganta y yo te pusiera cabeza abajo y te sacudiera con fuerza para expulsarlo y al final te dejara caer al suelo. Eso es más o menos lo que hacía el Enterrador. Pero a propósito.

¡Era increíííble!

Estaba destinado a convertirse en el campeón de la WWE (para que entiendas, el equivalente en la lucha libre a que el héroe se case con la princesa). Todo el mundo adoraba al Enterrador. Era alto, de piel morena y guapo y tenía unos bíceps del tamaño de dos cachorros Labrador. Pero bajo aquella apariencia deslumbrante, el Enterrador guardaba un oscuro secreto. Y un día resurgió una sombra de su pasado, su hermanastro, Kane.

Verás, los padres de Kane habían muerto en un terrible incendio y todos pensaban que Kane también había muerto. Pero estaban equivocados. Sufrió graves quemaduras en la cara, pero sobrevivió. Y creció con amargura y odio y unas personas malísimas que querían hacerle daño le mintieron y le dijeron que el culpable de su desgracia había sido su propio hermano, el Enterrador, que había provocado el incendio con la intención de matar a Kane. Entonces Kane, carcomido de odio, juró que un día se vengaría. Y luego, justo cuando el Enterrador se enfrentaba con Shawn Michaels en un combate decisivo para determinar quién se enfrentaría a Bret Hart en una espectacular pelea a muerte por el cinturón de la WWE, Kane de repente se apareció y desafió a su hermano frente a todo el reino. (Sin mencionar a los televidentes que lo estaban viendo en más de sesenta y tres países).

El Enterrador, sin embargo, no quería enfrentarse a su hermano. Hizo lo que todos te dirán que hagas si alguien te golpea: alejarse. Y eso no es ningún motivo para sentir vergüenza. Kane se quedó ahí gritándole: «¡Gallina!», pero estaba equivocado.

Porque Kane era el verdadero cobarde. Nunca lo olvides. El Enterrador se negó a enfrentar a su propio hermano. Pero Kane, como todo buen bravucón, no se rindió. Se burló y lo humilló. Lo llamó «cobarde» y «debilucho» y muchas otras cosas que... bueno, ya las entenderás cuando seas mayor, pero para que tengas una idea general, tienen que ver con las diferencias entre cómo los niños y las niñas hacen pipí. Kane anunció que se vengaría tarde o temprano y continuó apareciendo en todas las peleas del Enterrador para desafiarlo a un duelo. Hasta saltó al cuadrilátero y comenzó a pegarle en varias ocasiones, pero el Enterrador aguantó los golpes sin mover siquiera el dedo meñique para defenderse. ¡Aunque quizás el Enterrador DEBIÓ HACERLO!

¿Te das cuenta de lo que quiero decirte?

O sea... no te estoy diciendo que golpees a tu hermano. Ahora que lo pienso, tal vez no haya escogido el mejor ejemplo. Pero lo que estoy tratando de decirte es que, a veces, la persona más fuerte no es la que golpea, sino la que no devuelve el golpe. ¿Entiendes?

Verás, el Enterrador podría haber aplastado a Kane, pero optó por ser mejor persona. Y en algún momento, ya sea en un patio de recreo o en la oficina de una agencia de publicidad con ventanas panorámicas, espero que te des cuenta de que una persona valiente no es la que comienza la pelea sin saber si la va a ganar o no. Una persona valiente es la que sabe que ganará y aun así decide no pelear.

Perdón, me estoy yendo por las ramas. Kane intentó una y otra vez enfrentarse a su hermano, pero el Enterrador se negó. Una y otra vez dio un paso atrás, rehusando pelear. Y el tiempo pasó. Y, como en todo gran cuento de hadas, Kane finalmente se dio cuenta de su error. Comprendió que había estado equivocado todo ese tiempo y que la sangre tira. Y así, en uno de los eventos de lucha del reino en una noche oscura, cuando Shawn Michaels y sus tres compañeros villanos de la D-Generación X emboscaron al Enterrador, Kane corrió para ayudar a su hermano. Para empezar, Shawn Michaels dio por sentado que Kane se uniría a los suyos, porque así piensan todos los bravucones. Porque eran más y atacaban a una víctima sola pensaban que nadie se atrevería a enfrentarlos. Y, lamentablemente, no te voy a mentir, las personas como Shawn Michaels a menudo tienen razón. Por eso los bravucones nunca cambian, porque ganan muy a menudo. Pero no esa vez. No, no, no...

Esa. Vez. No.

Kane rápidamente subió al cuadrilátero y agarró a Shawn Michaels del pelo, le aplicó un estrangulamiento contra la lona y todos los bravucones de la D-Generation X se escaparon de inmediato como conejitos asustados.

Es uno de los recuerdos deportivos más hermosos de toda mi juventud.

Al día siguiente, Kane y el Enterrador se unieron bajo el nombre de «Los hermanos de la destrucción». Y se convirtieron en los guerreros más temidos e insuperables de todo el reino de la lucha libre.

Y todos vivieron felices para siempre.

Hasta que unos años más tarde, Kane traicionó a su hermano y le aplicó un estrangulamiento hasta dejarlo nocaut en la pelea de Royal Rumble de 1998. Y luego Shawn Michaels lo ayudó a encerrar al Enterrador en un ataúd e incendiarlo.

Aunque, bueno, ésa no es la parte importante de este relato. Mejor concentrémonos en la moraleja.

La moraleja es que no siempre es correcto devolver el golpe. Aunque a veces tienes que hacerlo, en caso de defender al más débil.

Esto no significa que tengas permiso para pelearte. Por supuesto que no. Tu madre se enojaría como un demonio. Así que nunca debes pelearte. A menos que sea con los alemanes cincuentones ataviados con sombreros mexicanos que se te adelantan en la fila del bufé de desayuno en un hotel, por supuesto. Pero eso lo sabe todo el mundo. Es una excepción a la regla. En cualquier otro caso: nada de peleas. Salvo cuando tengas que defenderte. O defender a otro. O cuando alguien intente llevarse el último *waffle* de chocolate. ¡Pero en ningún otro caso!

En fin, esto no está yendo por el camino que yo quería.

Sólo quiero que sepas que no voy a hacerte creer que no hay maldad en el mundo. Porque sí existe. En ocasiones el mundo parece estar lleno de un mal intolerable, incomprensivo e inexorable. Lleno de violencia, injusticia, codicia y rabia ciega.

Pero también está lleno de muchas otras cosas. Las pequeñas cosas. La generosidad entre desconocidos. El amor a primera vista. La lealtad y la amistad. Caminar juntos de la mano un domingo por la tarde. Dos hermanos que se reconcilian. Los héroes que hacen frente al mal cuando nadie más se atreve. Ese hombre de cincuenta y tantos años en un Saab que cuando ve que has puesto la señal de giro, disminuye la velocidad y te cede el paso a la hora punta. Las noches de verano. La risa de los niños. La tarta de queso.

Y lo único que puedes hacer es decidir de qué lado quieres estar. En qué montículo vas a poner tu grano de arena.

No siempre seré el mejor padre. He cometido muchos errores y cometeré muchos más. Pero nunca me perdonaría si terminaras siendo ese niño en el rincón del patio del recreo.

Cualquiera de ellos.

Yo casi siempre era uno de esos diez en el medio, aterrorizado de terminar en el lado equivocado de la línea. A veces, sigo sintiendo ese temor. Nos pasa a casi todos.

Así que no seas como yo, hazme el favor de ser mejor que yo. No dejes de decir lo que piensas. No seas indiferente. Nunca seas cruel sólo porque sí. Nunca confundas la bondad con la debilidad. No te conviertas en ese tipo sentado en la oficina con ventanas panorámicas de una empresa de publicidad que piensa que «buena persona» es un insulto.

El Enterrador me enseñó eso. Y yo espero poder enseñártelo a ti.

Y, sí: mejor no decirle a tu madre que te conté que Kane encerró a su hermano en un ataúd y le prendió fuego. Ella no entiende la lucha libre.

Muy bien. Esto fue lo que pasó.

Supongamos que estás un poco estresado y se te cae un chorrito de leche sobre la bolsa de los pañales de tu hijo, y piensas: «Maldita sea, esto pronto va a apestar, ¡voy a quedar como el peor padre el mundo!». Así que tomas la primera bolsa plástica que encuentras y pones ahí algunos pañales y metes en ella la ropa de repuesto del bebé. Arrojas todo en el cochecito, y como vas de salida, también decides sacar las bolsas de la basura. Y al pasar, levantas las bolsas y sientes que algo líquido de una de las bolsas de basura se te mete por la manga. Como estás un poco estresado te dices: «Probablemente es jugo de frutas, en seguida se seca». Y tomas después lo primero que encuentras para limpiarte, que resulta ser un pañal de la bolsa en la que guardaste las cosas del bebé. En seguida te metes en el coche, donde hace bastante calor. Y justo en ese momento, te das cuenta de que tienes que cambiar al bebé. Y piensas: «¡Ah, qué demonios, ya tengo este pañal en la mano, un poquito de jugo no le hace daño a nadie!». Y entonces le pones el pañal que usaste para secar el líquido que tú pensabas que era jugo. Y conduces. Y veinte minutos después llegas al preescolar cuando están a punto de empezar a cantar. Sin aliento y con los colores subidos.

Con una bolsa de la licorería del barrio llena de pañales. En una mano, las llaves del coche. Y, en la otra, un niño que huele a cerveza caliente.

Cuando sucede eso, la opción de usar la bolsa de pañales con unas manchitas de leche, de repente te parece una alternativa bastante atractiva. Estrictamente desde la perspectiva de ser buen padre o mal padre.

Reflexionemos.

Por qué no vale la pena
discutir con tu madre

Yo me pregunto a quién se le ocurre tomar una botella de Schweppes Bitter Lemon, vaciar el contenido, llenarla con agua y jabón, dejarla en el fregadero e irse a la cama.

Tu madre se pregunta a quién se le ocurre levantarse de madrugada y beberse una botella llena de lo que él cree que es un refresco tibio que lleva horas fuera del refrigerador.

Me pregunto quién demonios no se da cuenta de que la soda y el agua con jabón tienen exactamente el mismo aspecto dentro de una botella de Schweppes Bitter Lemon a temperatura ambiente a las seis y diez de la mañana.

Tu madre se pregunta quién demonios se bebe una botella de soda de la noche anterior que está en el fregadero a las seis y diez de la mañana.

Me pregunto a qué tipo de imbécil se le ocurre poner jabón para lavar platos en una botella.

Tu madre dice que al menos ella no es la imbécil que acaba de beber jabón para platos.

Ella gana.

El arte de hablar con desconocidos

He aquí dos cosas que aparentemente debemos dejar de hacer cuando un desconocido se inclina sobre tu cochecito para ver lo encantador que eres:

1. Situarme detrás del cochecito y susurrar: «¡Saluden a mi AMIGUITO!».
2. Situarme detrás del cochecito y susurrar: «Bailen, títeres. ¡BAILEN!».

Pues eso. Éste es más que nada un consejo para mí.

Tú sólo sígueme la corriente.

LO QUE NECESITAS SABER

PARA FORMAR UNA BANDA DE *ROCK*

Hijo mío, permíteme explicarte que todo esto que ves a tu alrededor ahora mismo se llama «la vida». A veces será complicada y requerirá ciertas cosas de ti. Tendrás que ser honesto y valiente y justo. Amar y ser amado. Fracasar. Avergonzarte. Triunfar. Apasionarte por algo. Apasionarte por alguien.

Y tendrás que formar una banda de *rock*. Mejor ir diciéndotelo ya. Y lo primero que necesitarás es un buen nombre.

Seguro, habrá quien diga estupideces como «la música es lo principal» pero, sinceramente, la música de quienes dicen eso siempre es basura. Un buen nombre siempre es lo más importante. Como The Who o The Smiths o Nuns with Guns o Draco and the Malfoys. Nombres de calidad, todos. Mi amigo R estuvo por un tiempo en una banda que hacía versiones de otras bandas llamada Pezones Duros. No es un nombre tan bueno, pero tampoco malo del todo.

Por mi parte, siempre he soñado con tener una banda de *power metal* llamada Frightening Lightning. En las camisetas, todas las letras «i» serían un relámpago. Eso es en realidad lo más importante: que el nombre luzca bien en las camisetas. En Frightening Lightning, mi amigo R estaría a cargo de los parlantes, mi amigo D a cargo del autobús para las giras, mi amigo

J de cuerdas y cables, mi amigo E a cargo de conseguirnos *hot dogs* como los que venden en las gasolineras, y yo a cargo de las camisetas. Tu madre, por supuesto, sigue diciendo que las camisetas no son «instrumentos reales», pero en realidad tu madre no sabe absolutamente nada sobre la música.

Lo segundo más importante para formar una banda es que sea con tus mejores amigos. Habrá momentos en tu vida en que alguien intentará que te cuestiones por qué un hombre moderno en una sociedad tecnológicamente avanzada necesita de un mejor amigo. Pero tu madre compra un montón de mierdas por eBay y nos mudamos más o menos cada tres años. Hay un montón de cosas que cargar. Y, qué diablos, a veces lo único que quieres es alguien con quien jugar a videojuegos. Por eso es bueno tener un mejor amigo.

Para esto no existe ningún requisito fundamental. Aunque, ya que ha salido el tema, podríamos definir algunos: un amigo de verdad nunca te quitará a la persona que te gusta. Un amigo de verdad nunca usará un *ninja* para saquear las pertenencias de tu guerrero en World of Warcraft.

Sí, a grandes rasgos, eso es todo.

Puedes tener un mejor amigo como Ron en *Harry Potter*. Aunque, ya sabes, se queja mucho, ¿no? No vale la pena. Además se roba a Hermione, el muy bastardo. No, es mejor tener un mejor amigo como Chewbacca en *La guerra de las galaxias*. Él es más ese tipo de hombre que a las chicas que te gustan les parece simpático y que sabe escuchar, pero que ellas únicamente ven como amigo. Man-At-Arms de *He-Man* es otra muy buena opción también, porque nunca te juzgará, te enamores de quien te enamores.

O podrías tener uno como Goose en *Top Gun*. Aunque él muere. Y, la verdad, ese es un rasgo terrible en la personalidad de un mejor amigo. Si yo hubiera tenido la oportunidad de elegir, probablemente me habría inclinado por alguien como Samwise Gamgee.

Digan lo que digan sobre Samwise Gamgee, ¡él jamás se robaría tus pertenencias en *World of Warcraft!*

Además, creo que Samwise habría sido bueno con la guitarra rítmica. Chewbacca más bien baterista. Man-At-Arms, tecladista. Ron Weasley tocaría probablemente el bajo, el muy bastardo. El bajista siempre se acuesta con las chicas que te gustan. Y sí, Goose está muerto, así que él no tocaría nada.

No todo el mundo entenderá por qué necesitas formar una banda. No quiero revelar la identidad de nadie en particular. En parte porque no quiero señalar a nadie y en parte porque ya conoces el nombre de tu madre. Pero ella no entiende estas cosas. Siempre anda quejándose de que «no puedes salir a tomar un café como la gente normal» o porque «no puedes pasar tiempo con otros hombres sin realizar algún tipo de actividad». Todo eso son mentiras, por supuesto. No necesito que haya una actividad para poder pasar tiempo con otros hombres. Sólo creo que es bueno tener algo que hacer mientras estamos juntos. Además, ser miembro de una banda es genial. Puede ser una banda de *rock*. O una banda de música pop. O una banda que interpreta canciones de otros grupos. Siempre y cuando sea algo donde puedan juntarse, y mirarse los unos a los otros y decir: «Pero saben, cuando nuestra banda tenga éxito...». Y sí, es posible que la banda nunca tenga éxito más allá de nuestro garaje. Y para serte honesto, ni siquiera tiene que ser una banda. Podría ser un equipo de fútbol que nunca se hará realidad o un bar que nunca compremos o el perfecto atraco bancario que nunca realizaremos. (En parte porque no queremos ir a prisión, pero sobre todo porque ninguno tiene idea de dónde conseguir la maleta con las armas automáticas, el coche anfibio, cuatro tanques de oxígeno vacíos, una docena de paracaídas hechos con bolsas Ziploc, un tarro de miel del tamaño de una persona, y seis tiburones robot y todo el resto de las cosas que necesitamos para nuestro plan, pero eso es harina de otro costal).

A veces, es agradable ir a un lugar donde la gente le da importancia a una buena camiseta, así de sencillo. Necesitas tener un buen amigo, alguien que te conozca desde los quince años. Alguien a quien no necesites explicarle todo. Alguien con quien puedas beber *whiskey* y relajarte. Alguien a quien puedas llamar y decirle: «¿Quieres ver el partido esta noche?» o: «Estaba pensando en ir a probar un coche este fin de semana,

¿quieres venir conmigo y terminar todas mis frases de doble sentido y connotación sexual?».

O: «Eyyyy, mi esposa compró otro sofá de segunda mano por internet, pero ahí no hay elevador, y he pensado que…».

Tampoco es que tenga una actividad específica para cada amigo. No soy un tipo raro. Algunos de ellos tienen la misma actividad. Están los amigos con los que ver la Liga de Campeones. Otros para los videojuegos. A medida que crezcas, tendrás amigos con quienes únicamente jugarás al póker y otros con quienes irás al bar. Mi amigo N y yo compartimos oficina. Mi amigo J y yo, por lo general, nos contamos chistes y vemos *Padre de familia*. Mi amigo B y yo conversamos sobre dinero y política. Mi amigo R y yo hablamos por teléfono y divagamos por horas sobre cualquier tema: los hijos y el trabajo y el amor y las cosas con las que sueñas y las que te dan miedo. Él fue testigo de mi boda. Y ha sido mi mejor amigo desde que teníamos quince años.

¿Mi amigo E y yo? Comemos juntos. Y con eso no quiero decir que vamos a viñedos en Provenza y catamos *hors d'oeuvres*. Sino que comemos sándwiches. Y kebabs. Y *hot dogs* en las gasolineras. Fue E quien me enseñó que el sabor de un *hot dog* de gasolinera es directamente proporcional a la mostaza que le pones. Hace unos años se descubrieron los mejores *hot dogs* del planeta en una gasolinera pequeñita en la punta meridional de Suecia. Mi amigo E todavía se refiere a ellos como «el equivalente en *hot dogs* a la primera película de *El Padrino»* con la mirada perdida en ensueño.

Y claro, algunas veces querrás tener un amigo que te apoye en una pelea o te acompañe al Polo Norte. Pero más a menudo lo que querrás es un amigo que vaya contigo a cenar hamburguesas un martes por la noche, para no tener que ir solo a un restaurante de hamburguesas el martes por la noche. E es ese tipo de amigo.

Cuando uno se hace mayor tiene diferentes tipos de amigos. Con unos juegas tenis, con otros vas a fiestas o das un paseo por la ciudad y te metes en peleas. Tenía un amigo con quien únicamente escuchaba música en el coche. Murió en un accidente automovilístico cuando yo tenía veinte años. E pidió el día libre en su trabajo y condujo sesenta y cinco kilómetros con la única intención de llevarme al funeral. «No soy muy bueno para hablar sobre la muerte», murmuró, con la mirada fija en el volante. «Está bien», dije al bajarme del coche. Cuando terminó el funeral, ahí estaba él esperándome con dos kebabs. Los comimos en su coche. Anduvimos toda la noche oyendo música y comiendo *hot dogs* de gasolineras, porque E no quería que yo llegara a casa y llamara a los amigos con quienes me emborracho. Fue una de las cosas más bonitas que alguien jamás ha hecho por mí.

Y después nos hicimos mayores. Me mudé a Estocolmo. Conocí a tu madre. Compré un apartamento y un vehículo de tracción cuatro por cuatro. Y ya sabes cómo es la vida. Es dura, de hecho. Bueno: tú todavía no lo sabes. Y es que nunca vuelve a ser como antes. De repente, ya no tienes tiempo. No tienes energía. Perdemos prioridad en la vida de los demás. Nos convertimos en adultos.

Por eso necesitas una banda. Sólo para tener un motivo y reunirse en el estudio de grabación (o «el garaje de la mamá de nuestro amigo Jimmie», en otras palabras). No porque la música sea tan importante, sino porque todo lo demás sí lo es.

Con el tiempo, E se mudó a Estocolmo también. Y yo conocí a N aquí. J y R y todos los demás se quedaron en el pueblo. Algunos tenemos vidas increíblemente diferentes ahora, y otros tenemos vidas idénticas, rara vez uno cerca del otro. Algunos incluso hemos dejado de escuchar a Rage Against the Machine. Pero siempre que nos vemos pasamos un buen rato filosofando sobre la camiseta perfecta para una banda. Sobre la canción perfecta. Sobre el solo de guitarra perfecto.

Sobre recuerdos perfectos.

Como cuando teníamos diecinueve años y nos emborrachamos hasta no poder más en el cumpleaños de R, y hacia el final de la noche E estaba derrumbado sobre la barra del bar y R pensó que le quería decir algo, así que también se inclinó y colocó su cabeza junto a la de E para poder oírlo por encima de la música. Y entonces E vomitó en el oído de R. Hasta el día de hoy, R asegura que sufre de pérdida de audición en ese oído y que ésa es la razón por la cual nunca llegó a ser mejor guitarrista. «Inestabilidad en la retroalimentación acústica en los monitores, ¿saben?». (Pues no, no sabemos).

Sólo quiero que sepas que necesitarás algo constante en tu vida.

Por lo tanto, necesitarás una banda. Aunque sea únicamente para llamarlos y preguntarles: «¿Qué tal es el nuevo MacBook?» o «¿Qué diablos pasa con el A.C. de Milán?» o «¿Quieren venir a casa a comer carne a la parrilla?» sin que te veas obligado a entrar en detalles como la temperatura en noviembre y el hecho de que vives en un apartamento.

O para pedir que te ayuden a trasladar un sillón.

O para revelarles de manera solemne que: «Me dijo sí, quiero».

El año pasado, E y yo fuimos a un pequeño bar de carretera en Ytterån, justo a las afueras de Östersund, muy lejos en el norte de Suecia. Ahí tienen las hamburguesas más grandes del país, de 4,3 kilos. Supongo que la gente tiene diferentes maneras de lidiar con la crisis de la edad adulta. Hay quienes van a escalar el Himalaya, hay quienes cruzan el Polo Norte, hay quienes comienzan a practicar artes marciales. ¿E y yo? Esas hamburguesas fueron nuestro Monte Everest. De ida y vuelta fueron mil trescientos kilómetros y catorce horas manejando, sólo para almorzar. En el camino discutíamos cuáles eran los mejores chistes. Nos paramos en una gasolinera y comimos *hot dogs* con una mostaza muy fuerte.

Cuando dejé a E afuera de su casa esa noche, nos abrazamos. Según recuerdo, sólo lo habíamos hecho una vez antes. El día después de que naciste.

Tú pesabas un kilo menos que aquellas hamburguesas.

Por todas estas razones, necesitarás tener buenos amigos. Frodo lo sabía. Han Solo lo sabía. He-Man y Maverick lo sabían. Vas a necesitar a alguien que te ayude a cargar ese maldito librero. O alguien a quien puedas decirle: «Deberían colocar a Zlatan Ibrahimović hacia la punta» o: «¿Encontraste el nuevo episodio de *Juego de tronos*?».

O: «Voy a ser papá».

Necesitarás formar una banda.

Pensamiento creativo

Tu abuelo vino este fin de semana para instalar esos pequeños seguros para niños por toda la cocina.

El resultado es que ahora tú tardas quince segundos en abrir un cajón. Yo, en cambio, tardo media hora.

La comunicación es la clave
de la felicidad en el matrimonio

YO: (*Mirando por la ventana*). ¿Viste ese vecino que puso la caja gigante en el balcón, la que pensabas que era un refrigerador extra?

MI ESPOSA: Sí.

YO: Es probable que esa caja no sea un refrigerador.

MI ESPOSA: ¿Cómo dices?

YO: No. Ahí tienen un conejo.

MI ESPOSA: ¿Qué? ¿Un conejo? ¿Cómo lo sabes?

YO: Porque lo tienen afuera ahora mismo y están jugando con él.

MI ESPOSA: O sea, ¿cómo que están jugando con él?

YO: Bueno, lo están abrazado y acariciando.

MI ESPOSA: (*Enojada*). ¡¿Guardan un CONEJO MUERTO en el refrigerador del balcón y lo están ABRAZANDO Y ACARICIANDO?!

YO: Por Dios, mi amor. El conejo está vivo.

MI ESPOSA: (*Furiosa*). ¡¡¡¡¿¿¿GUARDAN UN CONEJO VIVO EN EL REFRIGERADOR???!!!

(*Silencio*)

YO: Sabes, a veces siento como si no me escucharas en absoluto.

Empatía. Tu madre la tiene.

Cena con una pareja que tiene un hijo de tu edad

ELLA: (*Mirando a los niños jugar en el suelo*). Dios mío, mira qué grandes están ya. Ya casi se me ha olvidado todo lo malo del embarazo.

ÉL: Sí, es una locura lo rápido que uno olvida. La pasaste súper mal.

ELLA: Sí, muchas cosas eran nuevas para mí. A mi cuerpo le iban sucediendo tantas cosas raras.

TU MADRE: Ni me lo digas. Mi cuerpo se volvió completamente loco. Empecé a caminar como un pato, toda gorda y torpe. Me sentía como un elefante interrumpiendo el paso a todo el mundo. Ni siquiera podía abrocharme bien la ropa. Estoy acostumbrada a poder sentarme sobre mis pies con las piernas flexiondas hacia atrás sobre el asiento, ¡pero de repente apenas había espacio para mis piernas! Y ni hablemos del hambre y del mal humor que tenía todo el tiempo, los sudores a todas horas, la acidez estomacal…

(*Silencio*)

TU MADRE: De hecho, después de eso logré entender mucho mejor a Fredrik. Él vive así constantemente.

LO QUE NECESITAS SABER

SOBRE EL AMOR

No sé mucho sobre el amor, si te digo la verdad.

Puedo decirte las palabras «te amo», pero no sé si entiendes lo que realmente significan. Porque no te amo de la misma forma en la que amo el tocino o al Manchester United o la segunda temporada de *El ala oeste de la Casa Blanca*. No es ese tipo de amor. Quiero decir que te amo como si fueras un tren de carga fuera de control que retumba a través de cada célula de mi cuerpo. Quiero decir que este amor no creció poco a poco en mí, sino que me arrolló. Es un estado de emergencia permanente.

Pero sobre el amor no sé qué puedo decir. Apenas sé nada. Por supuesto, sé que la gente dice que es lo que ocurre cuando conoces a alguien que te «completa», pero no estoy tan seguro de que sea así. Cuando las cosas están completas, significa que están en orden. Sin fisuras. Sencillamente, la perfección. Dos piezas de rompecabezas cortadas para encajar a la perfección. Es como cuando ves a dos personas y dices: «¡Esos dos estaban destinados el uno para el otro!».

Y, bueno. Tu madre es de Teherán. Yo soy del sur de Suecia. Ella mide un metro sesenta y yo casi uno noventa. Incluso si colocaras a papá en el platillo izquierdo de una balanza y a dos clones de mamá en el de la derecha, la balanza se inclinaría hacia mi lado. Yo voy por la vida con las manos en los bolsillos; ella baila por doquier. En realidad, no se me ocurre nada que a ella le guste más que bailar y yo no soy capaz de encontrarle el ritmo ni a un reloj. Puede que sobre nosotros se hayan dicho muchas cosas, pero seguro que nadie dijo nunca que estábamos destinados el uno para el otro.

Así que no sé qué decirte sobre el amor. Quizás que hay quien dice que debes conocerte a ti mismo antes de poder conocer a otro. Eso podría ser cierto. Le dediqué mucho tiempo a conocerme a mí mismo y eso me ha dado una gran cantidad de ideas valiosas. Por ejemplo, estoy seguro de que amo la segunda temporada de *El ala oeste de la Casa Blanca* y el Manchester United. Y el tocino. No de la misma forma en la que te amo a ti o a tu madre, por supuesto. De ningún modo. Mi amor por el tocino es distinto. No sé si tú también lo tendrás. Tu madre siempre murmura que no hay nadie en este planeta que ame el tocino como yo. A menudo dice que cuando otras mujeres vuelven a casa después de un viaje de trabajo temen encontrar la ropa interior de otra mujer tirada en el piso. Ella, en cambio, tiene miedo de econtrar un desfibrilador.

No sé cómo serás cuando seas mayor. Cuánto de mí tendrás. De ella tienes los ojos grandes y marrones y esas sombras infinitas en tus mejillas. Hay días en que creo que alguien sopló todas sus pestañas en el océano sólo para desear que existieras.

Tienes toda su risa y toda su fascinante habilidad para entrar en una habitación y hacer que todos quieran acercarse a ti de inmediato. No como cuando entro yo y por instinto todos esconden los platos de lasaña y los centros de mesa.

Pero si existe el menor indicio genético de mi lado en ese pequeño cuerpo que tienes, entonces pasarás buena parte de los próximos noventa años con hambre. Comienza a prepararte desde ahora. La vida girará en torno a la comida.

Pensar en comida, soñar con comida, buscar comida, preparar comida, pedir comida, esperar comida, hablar de comida, cuestionar la falta de comida. Nunca en mi vida he leído un menú y pensado: «¿Qué me apetece?». Siempre he estado demasiado ocupado pensando en la pregunta: «¿Qué plato vendrá en la porción más grande?». Si alguna vez escribo una autobiografía, se titulará *Hambriento: un estilo de vida*.

A tu madre le gustan otras cosas. Ella entiende sobre la belleza de una manera que a mí ya me gustaría. El arte, la música, el teatro. Quizás estoy demasiado concentrado en qué tipo de bocadillos habrá durante el intermedio para poder concentrarme. Pierdo la concentración bastante rápido. Y mi temperamento, también puedo perderlo con bastante facilidad. Especialmente cuando tengo hambre. Como ves, tiene un gran impacto en mi vida.

Para la época en que tu madre y yo nos mudamos juntos, ella me descubrió el concepto de «precomer» para aplicar siempre que íbamos a un lugar donde hubiera «adultos». Por «adultos», generalmente, ella se refiere a las personas que piensan que un plato de sopa es comida. Las personas que pueden permanecer con un vaso de vino, hablando de su trabajo durante dos horas y media sin comer nada más que pequeñas galletas con trozos de pescado colocados al azar. Los llaman «entremeses», pero créeme, en realidad con lo único que los puedo comparar es con una novela de misterio en la que el misterio consiste en descifrar dónde diablos habrán escondido la verdadera comida.

Que yo comiera antes de socializar con esas personas nos ha ahorrado muchas discusiones a tu madre y a mí. Como, por ejemplo, si «gruñí» o simplemente «me aclaré la garganta de manera demostrativa» cuando alguien intentaba alcanzar las papas fritas en nuestra primera cena con otra pareja y la anfitriona de la reunión mencionó con toda naturalidad que tardaríamos cuarenta y cinco minutos en cenar.

Por supuesto, he desarrollado una serie de platos favoritos especialmente efectivos para mis precomidas. Como, por ejemplo, el *hot dog* previo. Consiste en dos salchichas de chorizo, tocino, queso, ensalada de papas, salsa bearnesa, cebollas crujientes y otras delicias en una *baguette* entera. Me como una de esas cada vez que vamos a un evento social que me provoca un particular escepticismo. A menudo esos en los que que tu madre, cuando protesto por tener que usar corbata, me recuerda que cuando nos casamos, ella prometió amarme en las buenas o en las malas, sólo hasta mi muerte.

Yo la llamo la salchicha de L'Oréal. Porque yo lo valgo.

Se empieza sacando la miga de la *baguette* con una cuchara. (Puedes guardar la miga. Por lo general, hago bolitas y las frío con mantequilla y cerveza mientras preparo el *hot dog*, como aperitivo antes de la comida). Después, fríes el chorizo. Decide si quieres usar mantequilla o aceite. Yo uso ambos. Y luego añado un poco más de mantequilla. Y mucha cerveza más tarde. Tu madre no es tan aficionada a la tradición sueca de freír cosas con cerveza, así que a veces preparo este tipo de *hot dog* en la casa de tus abuelos. Es bueno saber que necesitarás dos latas de cerveza para esta receta. Porque tu abuelo se beberá una.

Puede que cuando viertas la cerveza en la sartén salga un poco de humo, pero no te preocupes. Es, como le gusta decir a Zlatan Ibrahimović, «jodidamente normal en este nivel de deportes profesionales». Por lo general, frío las salchichas hasta que parezca que les han dado una paliza los personajes de *Hijos de la anarquía*. Pero si no eres de mirar mucha televisión es posible que puedas sacarlas antes, si quieres.

Después de eso, le agregas el tocino. La temperatura la puedes decidir tú. Personalmente, me gusta cuando la sartén está tan caliente que el tocino se enrolla como si fuera un bebé en posición fetal que se tapa los ojos, pero eso depende del gusto individual.

Mientras el tocino se enrolla en la sartén, puedes comenzar a rellenar la *baguette* con los otros ingredientes. Depende de tu conciencia qué tipo de delicias eliges, pero a mí me gusta comenzar con mayonesa y mostaza. No seas tímido. No te hará ningún bien.

¿La mostaza? Me gusta fuerte. Por supuesto, el grado dependerá de ti, pero me gusta cuando es tan fuerte que parece gritar con acento extranjero, para luego dirigirse a sacar un camión de una zanja o derrotar un ejército del Imperio Romano. Creo que es suficiente. Tu abuelo tiene una mostaza muy buena hecha en casa que se prepara triturando semillas de mostaza con una pequeña bola de cañón en un bol de plástico. Es extremadamente potente. Y si un frasco no tiene la potencia suficiente, tu abuelo envía quejas al periódico local y amenaza con reportar la mostaza a varios tribunales judiciales y no judiciales (a menudo ficticios, la verdad sea dicha). Sus amenazas usualmente hacen que la mostaza vuelva a estar a la altura.

Por supuesto, la gente a menudo me pregunta por qué necesito tanta mayonesa y mostaza en el pan. Muy sencillo: es porque, de lo contrario, las cebollas crujientes no se adhieren tan bien. Esta sabiduría callejera será importante para ti, tuya es.

A continuación, agrego el queso fundido. Si quieres, puedes derretir el queso en el microondas, pero por lo general uso un cuchillo como espátula para freír la salchicha y cuando el cuchillo está cubierto de aceite hirviendo, lo uso para cortar el queso. Lo hago porque es un método efectivo y porque tengo la impresión de que así es como lo haría Rambo. Luego, enrollo el queso alrededor del chorizo y el tocino alrededor del queso. Como si fuera un saco de dormir de queso y tocino. Después de eso, coloco el rollo de chorizo/tocino/queso en el pan. Si notas que hay fricción es porque no usaste suficiente mayonesa. Pero no te preocupes. Sólo hay dos cosas en la vida para las que nunca es demasiado tarde: pedir una disculpa y agregar más mayonesa.

Luego, añades en el pan cualquiera de tus acompañamientos favoritos. Puedes elegir lo que quieras. A mí me gustan la ensalada de papas, los pepinillos y las cebollas crujientes. Lo ideal es que los pepinillos estén prácticamente abrazados a los trozos de papa mientras se deslizan dentro de la *baguette*. Como si los pepinillos y las papas fueran dos soldados muertos de frío en un ejercicio de entrenamiento, prometiéndose que nunca hablarán de eso con nadie.

Si tienes ganas de consentirte, puedes agregar algún tipo de vistosa guarnición en la parte superior. También comemos con los ojos. A algunas personas les gusta el perejil y cosas semejantes, pero creo que un poco más de salsa bearnesa y cebollas crujientes quedan muy bien. En esto cada uno tiene sus preferencias.

¿Cuántos *hot dogs* comer antes de salir? Eso, por supuesto, depende de ti. Normalmente como tres o cuatro, no más. Pero sólo pesas alrededor de nueve kilos, así que quizás uno sea suficiente para ti.

En fin.

Es posible que te preguntes qué tiene que ver todo esto con el amor, y ya te lo he dicho. Apenas sé nada del amor. Pero tu madre es vegetariana. Y aun así me eligió.

Supongo que eso va a enseñarte más sobre el amor que cualquier otra cosa que pueda decirte.

La razón por la que apenas sé nada sobre el amor es que en realidad he amado a una sola mujer en toda mi vida. Pero cada día con ella es como ser un pirata en una tierra mágica muy lejana, llena de aventuras y tesoros. Hacerla reír es un poco como usar botas de lluvia muy holgadas y saltar en charcos profundos.

Soy brusco y tengo una lengua afilada y mi personalidad va del blanco al negro. Ella es quien le da color a mi vida.

Pero creo que yo no la complemento en absoluto. Básicamente le causo problemas. Y tal vez se trata de eso, no lo sé. Pero nadie, nunca, nunca, nunca ha dicho que somos perfectos el uno para el otro. Soy treinta centímetros más alto que ella y peso más del doble. No tengo el más mínimo sentido del ritmo y el mismo sentido del equilibrio que un panda borracho.

No hay nada en esta vida que tu madre ame más que bailar, y eligió compartir su tiempo en la Tierra con un hombre al que bailar le supone poner en peligro su integridad física.

Ella me eligió.

Y después llegaste tú. Y a ti te gusta la música. Y cuando bailan, tú y ella... Si pudiera elegir un único momento para revivir eternamente, sería ése.

No puedo decirte nada sobre el amor. Nada más que eso.

El águila no ha aterrizado

(Esta mañana)

ESPOSA: ¿Llevas el coche a la ciudad?

YO: Sí.

ESPOSA: ¿Entonces puedes dejar al niño en el preescolar?

YO: Sí.

ESPOSA: ¿Y recoger la alfombra de la tintorería?

YO: Claro.

ESPOSA: ¿Y pasar por la farmacia? ¿Y hacer la compra de camino a casa?

YO: Sí.

ESPOSA: Perfecto. Me voy a trabajar, entonces. ¡Te veo esta noche!

(Treinta minutos más tarde)

YO: *(En el teléfono)*. ¿Hola?

ESPOSA: ¡Hola! ¿Te recordé que pasaras por la tintorería a recoger la alfombra?

YO: Sí.

ESPOSA: ¿Y que pasaras por la farmacia?

YO: Mmm.

ESPOSA: Y que...

YO: ¡Sííí! ¿Crees que soy sordo o qué?

ESPOSA: Noooooo, lo siento. Sólo quería asegurarme. Eres un poco olvidadizo a veces, así que yo sólo quería...

YO: ¡No estoy SENIL!

ESPOSA: Noooo, lo siento. Te veo esta noche.

(Unos quince minutos después)

ESPOSA: Hola, soy yo otra vez. ¿Estás en la oficina?

YO: No, estoy en el coche.

ESPOSA: Ah, okey. ¿Así que todo salió bien cuando lo dejaste en el preescolar esta mañana?

(Silencio bastante largo)

ESPOSA: ¿Hola?

YO: *(Mirando en el asiento trasero, donde nuestro hijo está dormido en su asiento).*

ESPOSA: ¿Ho... la?

YO: *(Aclarando mi garganta).* Vamos a ver. Haz el favor de escucharme. Sé que a veces soy un poco olvidadizo y sé que fui grosero contigo esta mañana con lo de «no estoy senil», pero antes de que digas nada más, en este momento sólo quiero que recuerdes que POR LO MENOS no soy uno de esos padres a los que se les olvida RECOGER a su hijo del preescolar...

En aquel momento me pareció una idea un poco menos idiota e irresponsable

Pero sí. Nota recordatoria: es realmente muy, muy, muy difícil limpiar el Wite-Out, ese corrector líquido, de un niño de dos años.

LO QUE NECESITAS SABER

SOBRE ESOS MOMENTOS EN QUE

APRIETO TU MANO MUY FUERTE

Vas a conocer a muchísimas personas en tu vida que te darán su opinión sobre el universo. Las razones por las cuales vivimos. Algunas de las mentes más brillantes en la historia del mundo han tratado de resumirlo. Músicos, escritores, políticos, filósofos, artistas, poetas. Todos ellos han hablado sobre la naturaleza transitoria de la vida, su ironía, su pasión, su deseo y su magia.

Han dicho y escrito cosas grandiosas y maravillosas.

Espero que llegues a leer y oírlas todas, porque hay algo muy especial en esa experiencia, en enamorarse de las palabras. Sentirlas revolotear como mariposas debajo de la piel. Como remolinos en tu cabeza. Como puñetazos en el abdomen.

He leído las obras de pensadores y profetas. Los libros sagrados y los más sacrílegos. He sacado provecho de las mentes más brillantes de la humanidad que dedicaron sus vidas enteras a explicar quiénes somos en realidad. Qué demonios hacemos aquí.

De qué trata la vida.

Pero nada me ha impactado tanto como esta frase: «La vida es un juego de pequeñas distancias».

La dice Al Pacino. En los vestidores justo antes del partido final en la película *Un domingo cualquiera*. Muy buena película.

Hay gente que intentará decirte que es necesario ser un amante de las películas de deportes o que al menos te guste el fútbol americano para poder apreciarla de verdad. Pero no habrán entendido nada.

«[L]a vida es un juego de pequeñas distancias. También el fútbol americano. Porque en ambos juegos, la vida o el fútbol, el margen de error es muy pequeño [...] Medio paso demasiado tarde o demasiado temprano y no lo conseguirán. Medio segundo demasiado lento o demasiado rápido y se te escapará. Las pequeñas distancias que necesitamos están por todos lados a nuestro alrededor. Están en cada pausa del juego, cada minuto, cada segundo. En este equipo, peleamos por cada pulgada».

Existen personas, a quienes de forma puramente hipotética podríamos llamar «tu madre», que mirarán con desaprobación y suspirarán tan profundo que necesitarán una pausa para inhalar más aire cada vez que te muestro esa película. Pero tú y yo sí lo tenemos claro.

Porque la vida son esos pequeños márgenes.

Unas pulgadas por aquí y por allá.

El anuncio de empleo que me trajo a Estocolmo quizás medía doce centímetros. El boleto para subir al metro tal vez dos. El portal donde me tropecé en el preciso instante que vi a tu madre por primera vez, quizás ocho. La primera cama donde dormimos medía casi un metro.

Dos ciudades natales pueden estar a tres mil quinientos kilómetros de distancia. Un primer apartamento puede medir unos veinte metros cuadrados. Un niño puede medir cuarenta y ocho centímetros al nacer.

Una bala, 22 milímetros.

Y si hay algo en tu niñez por lo que te debo una enorme disculpa es por querer siempre impresionarte. Así que supongo que me guardaré eso hasta que seas suficientemente mayor y pienses que soy súper aburrido y que quizás nunca he vivido nada emocionante.

Entonces te mostraré mi cicatriz y te contaré sobre lo que sucedió aquel día unos años antes de que nacieras.

Y claro, francamente, dudo que pienses que soy un poco más *cool* por eso. En cualquier caso, lo que hagas me parecerá bien.

La policía declaró que se trató tan sólo de un atraco ordinario. Del tipo que sucede en bancos y oficinas de correos y tiendas casi todos los días. «Lo importante es que usted entienda que no fue un ataque personal», me repetían una y otra vez. Nadie sabe a ciencia cierta qué sucedió. Dos hombres con pistolas y un grupo de personas en el lugar y el momento equivocados, supongo, nada más. Como todos los robos. Quizás la tensión les ganó a los ladrones, quizás lo que sucedió en seguida fue un accidente más que ninguna otra cosa. Es difícil explicarlo.

Pero para cuando huyeron, uno de ellos le había disparado a alguien. Y ojo, no es mi intención que aprendas a insultar a la policía ni nada por el estilo. Pero es muy difícil que te disparen y que no «te lo tomes como un ataque personal». Pero bueno, vamos a dejarlo ahí.

La bala me entró por el muslo aproximadamente diez centímetros por encima de la rodilla y atravesó el músculo hasta el fémur. No es que yo me diera cuenta en ese momento, por supuesto. Lo gracioso es que, cuando te disparan, no tienes tiempo de percibir dónde te dispararon. Así que tal vez pasaron uno o dos segundos antes de que siquiera me diera cuenta de que la pistola que me apuntaba se había disparado. Me tomó otro segundo más percatarme de que al menos no me había apuntado a la cabeza.

Ahora la gente me pregunta todo el tiempo si tuve miedo de morir. Dicen que tu vida pasa fugazmente frente a tus ojos cuando eso sucede. Y tal vez sí me pasó. Pero en realidad todo lo que recuerdo es que los ladrones nos forzaron a todos a tirarnos al suelo, y nos quitaron los teléfonos celulares y los relojes. Y tu mamá me había regalado ese reloj el día de Navidad apenas unas semanas antes.

Recién llevábamos unos pocos meses como pareja entonces. Y cuando la pistola disparó, mi primer pensamiento fue que nunca más volvería a ver a tu mamá. Y luego pensé en lo que mi padre siempre me decía cuando de niño me metía en líos: «Fredrik, ¡¿por qué TODO siempre te pasa a TI?!».

Y entonces quizás hubo unos segundos en los que pensé que si volvía a ver a tu madre, ella seguramente estaría muy enojada conmigo porque no se me puede regalar un reloj bueno sin que salga a la calle y me peguen un tiro.

Es difícil vivir conmigo.

Y la gente sigue preguntándome si tuve miedo de morir. Pero... no. Y no es porque yo sea muy macho ni muy valiente ni que tenga una resistencia al dolor altísima, sino tan sólo porque, medio por instinto, decidí actuar como un adulto. Por una vez. «Instinto de supervivencia», lo llamarían los biólogos. «Buena educación», si le preguntas a tu abuela.

Yo entendí con claridad que si no me quedaba en el suelo completamente inmóvil y en silencio, la siguiente bala terminaría en mi cuello. Así que me quedé ahí con la boca cerrada. Y cuando el ladrón levantó de nuevo el arma y disparó contra el suelo, pensé que esa bala me había dado a mí también.

Entonces sí pensé que iba a morir.

Mis recuerdos están un poco desordenados después de eso. Pero oí el golpeteo de zapatillas deportivas. Un fuerte portazo. Un coche afuera, saliendo a toda velocidad. Voces preocupadas pidiéndome que no me moviera. De todas formas, intenté levantarme, ya que, pues, soy medio idiota.

Recuerdo sentir mis pies como si flotaran en el aire, un poco como me imagino que los personajes de dibujos animados se sienten en el instante en que se dan cuenta de que corrieron más allá del precipicio.

Y entonces: el dolor.

Un dolor palpitante en la pierna, tan despiadado que consumía cada gramo de mi entendimiento de lo que se sintió como una vida entera. Como si alguien me estuviera disparando una y otra y otra vez, sólo que las balas se disparaban dentro de mi cuerpo y salían por mi carne, en la dirección contraria.

No sé cuánto tiempo estuve echado en el suelo. Aquel dolor es lo único que recuerdo.

Lo siguiente que recuerdo es a la policía. Después a los paramédicos. Sé que comencé a gritarle a uno de ellos porque dijo: «El helicóptero ha aterrizado», y no me gusta volar. ¡Así que grité algo sobre cómo se podían ir al infierno y olvidarse de subirme en ese maldito aparato! Y bueno, al final resultó que nunca nadie mencionó el helicóptero. De dónde saqué eso. Es gracioso cómo funciona la mente.

Y luego me dieron tantos medicamentos como para hacer que un caballo de carreras se siente a beber una botella de Dr. Pepper e instale la aplicación Wordfeud en su teléfono.

A partir de ese momento, aquello se volvió mucho más difícil para tu madre que para mí. De hecho, recibir ese balazo ha sido lo más cercano a convertirme en una estrella de *rock*. Todo el mundo te cuida realmente bien.

En cambio, tu madre sólo recibió una llamada telefónica en el trabajo, alguien le dijo que yo iba de camino al hospital. No podían darle ningún detalle. Nada sobre dónde había recibido la bala, excepto que me habían disparado y que ella tenía que ir con urgencia. Se montó en un taxi sin saber si me encontraría vivo o muerto. Tuvo que avisar a mis amigos. Y tuvo que llamar a mi mamá.

¿Y yo? A mí simplemente me dieron morfina.

En ningún caso quiero incitarte a que uses drogas. Si te soy sincero, mi experiencia en ese tema ha sido limitadísima. Me pasó con una cosa cuando tenía veinte años y estuve unos meses en Tailandia. Fui a una fiesta y me quedé dormido en la playa y me desperté en otra isla completamente distinta con una camiseta en la que alguien había escrito la palabra *«WASABI»* con tinta indeleble. Durante las siguientes dos semanas tuve un antojo insaciable de papitas sabor cebolla y jugo de tomate. Y después de eso decidí que el mundo de las drogas quizás no era para mí.

Pero la morfina. ¡Por Dios, compadre!

Lo único que recuerdo es que las enfermeras me levantaron para subirme a una camilla y yo estaba cantando. No recuerdo exactamente qué canción, pero creo que era «Afraid to Shoot Strangers» de Iron Maiden. Y luego recuerdo que una enfermera me tomó de la mano y con voz muy bajita y gentil me dijo que necesitaban voltearme sobre uno de mis costados y que no tuviera miedo. Sé que tuve tiempo de preguntarme de qué podía tener miedo ahora que estaba en el hospital, a menos que la enfermera fuera a sacar su propia pistola. Creo que incluso hice una broma al respecto. Ella me sonrió de la misma manera en que los vendedores me suelen sonreír cuando les cuento mi vida y no quieren ser groseros. Entonces las enfermeras me voltearon de costado y sentí cuatro pares de manos auscultando mi espalda de forma frenética. Entonces me di cuenta de que lo hacían porque había tanta sangre en mi ropa que temían que pudiera haber más de una herida de bala.

Y sí. En ese momento me asusté muchísimo.

Pero simplemente me dieron más morfina. Con eso se arregló todo.

Sé que cuando me llevaban hacia la sala de operaciones le dije a una de las enfermeras que tenía que encontrar a mi novia para informarle que yo estaba en buen estado y que todo iba a salir bien. La enfermera me dio unas palmaditas en la cabeza y me dijo que no me preocupara. De inmediato atrapé su muñeca con mi mano, la miré fijo a los ojos y le grité: «¡Usted no sabe cómo es mi novia! ¡No se lo digo por mi bien sino por el del personal de este hospital!». Y ahí mismo me dieron otra dosis de morfina.

Pero supongo que alguien me oyó y se lo tomó en serio, porque poco después otra enfermera abrió una puerta que daba a la sala de espera, se llevó el dedo índice a la boca para indicarle a tu madre que guardara silencio, y con un gesto de la cabeza le indicó que la siguiera. Me imagino que tu madre estaba atemorizada en extremo. Me consta que estaba llorando. Supongo que yo estaba a salvo en el ojo del huracán mientras que ella estaba atrapada en la tormenta.

Y supongo que existen muy pocas personas en el mundo que tienen el privilegio de saber con absoluta precisión el momento en que se dieron cuenta de que querían despertar junto a otra persona en particular por el resto de sus vidas.

Tu madre siempre cuenta que se derrumbó por dentro cuando la enfermera, luego de llevarla de arriba a abajo por escaleras y pasillos, de repente abrió la puerta. Y ahí estaba yo, todo cubierto de sangre en una camilla. Sé que giré la cabeza y la vi y sentí como si tuviera el corazón en la punta de los dedos. Recordaré ese instante por el resto de mi vida. Fue en ese preciso momento cuando supe que la seguiría hasta el fin del mundo.

Y... claro. Obviamente me encantaría decir que tu madre sintió lo mismo en ese mismo momento. Pero bueno, ya sabes.

Yo estaba completamente drogado.

Así que lo que vio tu madre, después de correr de arriba a abajo por escaleras y pasillos con el corazón en la garganta y con lágrimas rodando por sus mejillas, fue a mí, acostado en una camilla, tan inconsciente como un rinoceronte sedado, contándoles chistes pésimos a las enfermeras.

En ese preciso instante lo más probable es que ella estuviera totalmente harta de mí. Lo digo con franqueza.

Pero permaneció a mi lado. Y aparte de que la mitad de tus genes provienen de ella, siempre consideraré que el mayor logro de mi vida fue conseguir que ella permaneciera a mi lado.

Los doctores sacaron la bala de mi pierna, que por cierto no fue tan dramático como suena. De hecho, el verdadero drama no sucedió hasta el día siguiente, una vez que pasó el efecto de las drogas y una enfermera vino a quitar el catéter de mi... bueno, ya aprenderás cuando seas un poco mayor el lugar exacto donde se coloca un catéter. Y, en serio, si me hubieran dado la alternativa de sacarlo o darme un tiro en la otra pierna ahí mismo, me lo habría pensado.

Y tienes que saber que en realidad tuve suerte. Al hombre de la cama de al lado también le quitaron el catéter esa mañana. Pero él tenía una erección matutina.

En fin.

Después de eso me dieron unas pastillas y me dijeron que podía marcharme a casa. En total, ni siquiera estuve en el hospital veinticuatro horas. Bala dentro, bala fuera, y de vuelta a mi propia cama en menos de lo que Jack Bauer resuelve un episodio de la serie *24*.

La vida son esos pequeños márgenes. Diminutas distancias aquí y allá.

La policía me mostró después el tipo de pistola con el que me dispararon. Me enseñaron el lugar donde yo yacía en el suelo y me explicaron cómo el disparo me podía haber impactado desde diferentes ángulos casi imperceptibles. Si el atacante hubiera apuntado un poquito a la derecha, yo quizás nunca habría podido ser padre. Levemente hacia arriba y quizás nunca habría vuelto a caminar. Otro poco más arriba, y bueno, ya te puedes imaginar. No estaría escribiendo esto.

Tomé analgésicos durante un mes. Caminé con muletas durante dos. Vi a un psicólogo durante tres. Me tardé toda una primavera para volver a caminar normalmente, todo un verano para aprender a no despertarme llorando y gritando en medio de la noche. Si algún día te preguntas por qué siempre digo que no soy digno de tu madre, hay diez mil motivos.

Y esas noches son uno de ellos.

Tu madre es una leona. Nunca lo olvides.

Todo el mundo me cuidó, me regalaron medicamentos y viajes en taxi gratis y cervezas en el bar del barrio a cambio de que les contara la historia de lo que sentí al recibir un balazo. Pero fue tu madre quien mantuvo en orden nuestras vidas cuando yo me hundí y toqué fondo. Ella trabajó horas extra y se hizo cargo de pagar las facturas y cada mañana y cada noche cambiaba las vendas de una fea herida en mi muslo, profunda como un bolígrafo. Fue ella quien me felicitó como si hubiera ganado la final de la Copa del Mundo cuando la llamé para decirle que había logrado entrar en la bañera sin ayuda por primera vez. Fue ella quien me tomó de la mano y me prometió que todo iría bien cuando tuve que aprender nuevamente a hacer fila en el supermercado sin sufrir un ataque de pánico. Fue ella quien en realidad recibió ese balazo. Nunca lo olvides.

Ese otoño fuimos a Barcelona, y en una pequeña plaza junto a una pequeña iglesia, me puse de rodillas y le pregunté si me concedería el honor de ser el único hombre que la hace enfadarse por dejar toallas mojadas en el piso. El verano siguiente nos casamos. Y tres semanas después, me despertó al amanecer de un golpe fortísimo en la frente con una tira de plástico, gritando: «¿Una o dos líneas? ¿¿¿VESUNAODOSLÍNEAS???».

Y en la primavera del año siguiente naciste tú. La vida es un juego de pequeñas distancias.

Así que si alguna vez estamos en la puerta del colegio y yo aprieto tu mano un poco más fuerte de lo común. O por un momento más largo de lo normal. He ahí el porqué. La mayoría nunca llega a comprobar que no son inmortales.

Y ya sé que en algún momento del futuro, les mostraré la cicatriz a ti y a tus amigos. Y cuando se alejen, tus amigos te mirarán con los ojos bien abiertos y dirán: «¿En serio? ¿De verdad le dispararon?». Y entonces tú dejarás pasar unos segundos de silencio dramático. Te erguirás. Afirmarás moviendo lentamente la cabeza de forma solemne. Mirarás a cada uno de ellos directo a los ojos. Y luego te encogerás de hombros diciendo:

«Ná, ya conocen a mi papá, le gusta mucho inventar historias. Lo más probable es que sea una marca de nacimiento».

Espero que no te enfades conmigo por querer impresionarte todo el tiempo. Espero que no guardes este libro en mi contra.

Tú y tu madre son mi más grande, más maravillosa y más escalofriante aventura. Me asombra cada día que me permitan seguir a su lado.

Así que recuérdalo siempre. Cuando me ponga difícil, cuando me comporte de forma bochornosa, o arbitraria o injusta contigo, quiero que recuerdes bien aquel día. Aquel día que te negaste a decirme dónde diablos habías escondido las malditas llaves del coche.

Y nunca olvides que fuiste tú quien comenzó todo esto.